우리가 하나님을 볼 것이다

We Shall See God

Copyright © 2011 by Randy Alcorn
Korean edition © 2011 by TOUCH books with permission
of Tyndale House Publishers, Inc. All rights reserved.

이 책의 한국어판 저작권은 Tyndale House Publishers와 독점계약한
〈터치북스〉에 있습니다.
신저작권법에 의하여 한국 내에서 보호를 받는 저작물이므로
무단전재와 복제를 금합니다.

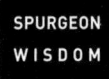

WE SHALL SEE GOD
우리가 하나님을 볼 것이다

찰스 스펄전 · 랜디 알콘

터치북스

여는 글

찰스 스펄전Charles Haddon Spurgeon은 1834년 6월 19일, 영국 에섹스에서 출생했고 런던에서 41년간 목회를 했으며, 1892년 1월 31일에 사망했다. 스펄전이 목회하던 초기는 대서양 건너편에서 미국 내전이 발발하던 시기였다. 그는 새뮤얼 클레멘스 마크 트웨인Mark Twain보다 1년 먼저 태어났으며, 헨리 포드Henry Ford가 처음 자동차를 완성하기 1년 전에 사망했다.

스펄전은 열다섯 살 때 그리스도를 믿게 되었다. 어느 날 폭설을 피해서 감리교 한 예배당 안으로 들어갔고, 사람들이 마침 예배를 드리고 있었다. 그곳에서 그는 마음을 열고 그리스도 안에 있는 구원을 받아들였다. 그를 감동시킨 성경 말씀은 이사야

45장 22절이었다.

"땅의 모든 끝이여 내게로 돌이켜 구원을 받으라.
나는 하나님이라 다른 이가 없느니라."

스펄전은 열여섯 살에 첫 설교를 했고, 열일곱 살부터 전임 사역자로 일하기 시작했다. 열아홉 살부터는 런던의 뉴 파크 스트리트 교회의 목사로 일했고, 스무 살 무렵에는 2천여 명의 청중에게 설교했다. 그 시기에 스펄전의 설교와 저술에서 볼 수 있는 성경 말씀에 대한 깊은 이해와 신학적 통찰은 믿기 어려울 만큼 뛰어나다. 이후에 훨씬 더 큰 메트로폴리탄 태버너클Metropolitan Tabernacle을 맡은 후에는 육천 여 명의 청중에게 말씀을 전했다. 어디에 있든, 그가 설교하는 곳에는 거의 모든 자리가 찼다.

메트로폴리탄 태버너클 교회의 보수공사가 진행되는 동안, 교회는 런던의 거대한 농업 전시장(현재의 Business Design Centre—옮긴이)을 빌리게 되었다. 그 건물은 매주 수용 인원을 다 채웠는데, 그의 설교를 듣기 위해 2만여 명의 사람이 모여들었다. 또한 크리스털 궁전에서 설교를 한 적이 있었는데, 당시 회전문을 통한 정확한 집계 인원은 2만 3,654명이었다. 물론 이 당시에는 마이크나 스피커 시스템이 없을 때였다. 그 많은 청중에게 설교를 전하기 위해 스펄전이 얼마나 목소리를 높여야 했을지 상상해 보

라. 특히 병치레가 잦았던 노년에는 얼마나 더 힘들었겠는가.

그는 교인들에게 일 년에 네 차례 주일 저녁에는 교회에 나오지 말아 달라고 부탁했다. 하나님을 믿지 않는 사람들이 교회에 나와 하나님의 말씀을 듣게 하기 위해서였다.

150년이라는 세월의 검증을 견뎌낸 스펄전의 설교

스펄전은 평생 대략 천만 명에게 설교를 한 것으로 추정된다. 어떤 주간에는 여러 교회를 다니면서 열 번 이상 말씀을 전했다. 그는 설교하기 전에 원고를 완벽하게 작성했지만, 실제로는 개요를 적은 쪽지만 들고서 단상에 올랐다. 설교를 시작하면 속기사가 설교를 받아 적었고, 원고를 출판사에 보내기 전에 스펄전이 하루 시간을 내서 교정을 보았다. 그의 설교는 전신 시스템을 통해 대서양을 건너 전파되었는데, 미국에는 이틀 만에, 전 세계에는 일주일 안에 전해졌다. 매주 수십만 부가 팔렸는데, 권당 1페니 정도를 받았다.

총 3,561편에 달하는 스펄전의 설교는 63권의 책으로 묶였는데, 이는 작은 활자체로 3만 8천 페이지, 대략 2천만 단어에 이르는 엄청난 분량이다. 스물한 살 때부터 스펄전의 설교집은 매

년 한 권씩 발행되었다. 이 설교집 발행은 향후 63년간 지속되었고, 마지막 권은 스펄전 사후 26년이 지난 때에 발간됐다.

스물한 살 때부터 스물일곱 살까지 6년 동안에만 그의 설교집은 6백만 권 이상이 팔렸다. 오늘날에 이르기까지 기독교와 다른 분야를 포함해서 찰스 스펄전만큼 많은 책을 펴낸이도 없을 것이다.

설교집뿐 아니라 다른 많은 책들도 저술했는데, 그중에는 4부로 이루어진 자서전이 있고, 《다윗의 보고 Treasury of David》라고 불리는 7권으로 된 방대한 분량의 시편 저술이 있으며, 기도와 다른 단일 주제에 관한 책들, 그리고 매일 묵상집 《아침 묵상 Morning by Morning》과 《저녁 묵상 Evening by Evening》, 그리고 두 권을 함께 묶은 《묵상록 Morning and Evening》 등이 있다.

또 다른 저서 《주해와 주석 Commenting and Commentaries》을 위해 스펄전은 3~4천 권의 참고 서적을 읽었는데, 목회자와 성경학생들을 위해 그중 1,437권을 추려 비평했다(잠을 잘 시간이 있었을지 의아했는데, 다행히 연구 조교들의 도움을 받았다는 사실을 알게 되었다).

스펄전의 책 《농부 존과의 대화 John Ploughman's Talk》는 소박하고도 일상스런 문제로 미덕과 악행에 대해서 이야기하고 있으며, 열심히 일하는 것과 게으른 것, 수군거림, 돈 쓰는 것 등과 같은 실제적인 문제를 다뤘다. 그는 또한 〈검과 삽 The Sword and the Trowel〉이라는 잡지를 발행했다.

스펄전의 명성과 영향력은 타협 없이 성경 말씀을 선포한 데 있다. "마지막 청교도"라고도 불리는 스펄전은 하나님의 위대하심과 주권적인 은혜를 설교했고, 지옥과 회개의 필요성에 대해서도 거침없었다. 그는 또한 조심스러우면서도 담대하게 영국 국교회와 동료 침례교회의 교리적인 잘못에 대해서도 지적했다. 이러한 점 때문에 많은 신문의 필진이 그를 싫어했고 그에 대한 악평을 늘어놓았다.

스펄전에 대한 최대의 찬사는 아이러니하게도 하나님의 말씀에 대한 그의 충성심을 신랄하게 비판했던 어떤 공공의 적으로부터 주어졌다. "이 사람은 그의 전 사역에서 한 발자국도 앞으로 나아가지 않았다. 19세기가 저물어 가는 지금, 그는 아직도 1세기의 신학을 가르치고 있다. …… 천팔백 년 전의 나사렛과 예루살렘의 교리를 선포하고 있다." 스펄전은 그 비판을 듣고 미소를 지으며 이렇게 대답했다. "그 말을 들으니 정말 기쁘구려!"

스펄전은 하나님의 말씀에 꼭 맞는 설교를 하기 위해 혼신의 노력을 다 기울였고, 사람들의 가혹한 비판에 흔들리지 않았다. 하나님은 이렇게 약속하셨다. "내 입에서 나가는 말도 이와 같이 헛되이 내게로 되돌아오지 아니하고 나의 기뻐하는 뜻을 이루며 내가 보낸 일에 형통함이니라"사 55:11.

스펄전의 설교와 저술은 그가 살아 있는 동안 광범위하게 영향을 미쳤으며, 사후 오늘날에 이르기까지 그 영향력은 지속되고 있다. 그의 사후 120년이 지난 오늘날에도 스펄전의 저작은 여전히 다양한 배경과 교파의 그리스도인들에 의해 읽혀지고 연구되며, 설교되고 있다. 한마디로 그의 설교는 지난 150여 년이라는 세월의 검증을 거친 것이다.

전방위 복음 사역

스펄전의 교회가 목회 중심의 교회였다고 말하는 것 정도로는 그 사역의 본질을 충분히 담아내지 못한다. 메트로폴리탄 태버너클은 일주일 내내 아침 일곱 시부터 밤 열 시까지 문을 열었고, 영적인 훈련뿐 아니라 어려운 사람들을 돕기 위한 사회 프로그램도 많이 실시했다. 뿐만 아니라 교회 밖의 정기 사역을 위해 천여 명의 성도들이 꾸준히 모임을 가졌다.

스펄전은 대학 교육을 받지 않았지만, 나중에 목회자를 위한 2년제 대학을 설립했고 그곳에서 가르쳤다. 그의 책《나의 학생들을 위한 강의 Lectures to My Students》를 보면, 영적인 통찰뿐 아니라 회중이 들을 수 있도록 목소리를 키우는 방법과 같은 실제적인 내용도 많이 들어 있다. 1866년경에는 그의 제자들이 런던에만 열여덟 군데에 새 교회를 개척했다. 스펄전은 열심히 일하는 것에 대해서도 제자들의 본이 되었다. 이에 관해 그는 이렇게 이야기했다. "우리의 일은 지적인 일일 뿐 아니라 마음의 일이며, 우리의 가장 깊숙한 영혼의 노동이다."

스펄전은 생전에 65개의 기관을 설립하고 운영했다. 고아원, 사회복지시설, 선교 단체, 미혼모를 위한 시설 등이 그것이다. 또한 문서 보급을 위한 기관을 설립해 교인들이 직접 가정 집을 방문해서 성경, 기독교 서적, 잡지, 소책자들을 보급하도록 했다. 소책자의 대부분은 스펄전이 직접 집필한 것이었다.

그의 소책자는 가정에서뿐만 아니라 옥스퍼드와 케임브리지에서도 많이 읽혔다. 1878년 한 해에만 94명의 사람들이 총 92만 6,290회의 가정 방문을 통해 이 문서를 보급했다. 그들은 단지 책을 판매만 한 것이 아니라, 영적인 문제에 대해 이야기를 나누었으며 이런 식으로 런던 시민에게 지속적으로 복음을 전했다.

천국에 대한 스펄전의 통찰에 반하다

나는 이전 책 《헤븐Heaven》에서 스펄전의 글을 여기저기서 인용했다. 그리고 이후 그의 설교집에서 같은 주제에 대한 보석 같은 글들을 접하게 되었다.

스펄전은 천국을 주제로 10여 편의 설교를 했고, 또한 천국을 중심 주제로 다루는 다수의 설교를 했다. 천국에 대한 책을 따로 쓰지는 않았지만, 이런 설교들을 책으로 엮는다면 몇 권에 해당할 만한 내용이었다. 모아 놓고 보니, 천국에 관한 스펄전의 설교는 내가 천국에 관해 읽어본 저술 중 가장 통렬하며, 감동적이고, 성경적인 통찰이었다(나는 천국에 관한 책을 150권 이상 읽었다).

하지만 "스펄전을 사랑한다"고 말하는 많은 사람들이 그의 설교를 읽어보지 않았다는 것을 알게 되었다. 대부분은 그의 저술 중 가장 잘 알려진 《묵상록》 정도를 읽어보았을 뿐이다. 그러나 주옥같은 글 대부분은 그의 설교집에서 나온다. 따라서 이 책은 천국에 관한 스펄전의 놀라운 통찰을 독자들이 쉽게 접할 수 있도록 하기 위해 모호한 문장들을 정리하고 주제와 가장 부합한 내용을 엄선했으며, 쉽게 읽어 낼 수 있는 분량으로 줄였다.

나의 원래 목표는 스펄전의 표현을 한 단어도 바꾸지 않는 것이었다. 그러나 지난 30년간 30여 권의 책을 쓰면서, 나는 다른 사람의 편집이 내 글을 확연히 개선시킨다는 사실을 오래 전부터 알게 되었다. 나의 편집인과 독자가 동시대의 언어를 쓰는 경우에도 그러한데, 지난 150년 동안 영어가 변한 것을 감안한다면 얼마나 더 그러하겠는가?

가능한 한 많은 사람이 진리를 듣기 원했던 스펄전의 염원을 생각한다면, 새로운 독자들을 위해 옛 단어들을 바꾼 것에 대해 그가 반대하지는 않으리라 생각한다. 스펄전을 사랑하는 분들은 그의 글에 대한 나의 충정과 꼭 필요한 경우에만 마지못해 바꾸었다는 사실을 이해해 주길 바란다. 이러한 소소한 편집 없이는 많은 현대의 독자들이 그리스도를 높이려는 스펄전의 열정 그리고 천국에 대한 그의 통찰과 사랑에 빠지기가 쉽지 않을 것이다.

나는 스펄전의 천국묵상 중에 나에게 최고의 기쁨과 감동을 주었던 구절만을 따로 모아 정리했으며, 동일한 주제에 관해 평소에 내가 깊이 묵상했던 내용으로 적절한 해설을 곁들였다. 그러므로 각 장마다 처음 글은 스펄전의 설교에서 가져온 것이며, 두 번째 글은 거기에 대한 나의 묵상이자 해설이라 할 수 있다.

스펄전과 관련해서 내가 어떤 식으로든 공저자가 될 수 있다는 것은 내게 과분한 일이다. 그럼에도 불구하고 나는 스펄전이 이 작업을 이해하고 허락하며, 더 많은 사람들에게 그의 통찰력 넘치는 글들을 읽고 이해할 수 있는 기회를 제공하려는 것을 격려하리라고 믿는다.

여러분이 스펄전을 알든 모르든, 이 책을 통해 천국 설교의 진수를 맛보게 될 것이다. 설교의 왕자라 불렸으며, 하나님을 아는 지식만큼이나 하나님을 향한 뜨거운 열정을 지녔던 스펄전과 함께 천국으로의 여행을 함께 떠나자.

랜디 알콘

We Shall See God

차례

여는 글 · 4

PART 1. 다가올 세상의 영광

1. 하늘과 땅은 생각보다 훨씬 가깝다 · 20
2. 위대한 예술가 하나님 · 26
3. 하나님이 우리의 눈물을 닦아 주신다 · 32
4. 모든 나라와 족속과 방언과 함께 · 40
5. 천국은 지루한 곳? · 48
6. 창조세계의 회복 · 56
7. 완전해진 교회의 영광 · 64
8. 썩지 아니할 것으로 다시 살아나고 · 72
9. 예비된 백성을 위한 예비된 장소 · 80
10. 우리 구속주의 능력과 영광 · 88

PART 2. 하나님의 얼굴을 보라

1. 하나님의 장막이 우리와 함께하신다 · 98
2. 에덴을 향한 향수병 · 106
3. 천국을 즐거워하는 것이 곧 하나님을 즐거워하는 것이다 · 112
4. 지금 천국의 잔치에 참여하기 · 120
5. 우리 손을 잡아 이끄시는 그리스도 · 126
6. 하늘에 속한 예배 · 134
7. 완전한 기쁨 · 142
8. 아, 부활의 몸! · 148
9. 이 풍성한 약속을 내 것으로 누려라 · 158
10. 예수님의 얼굴 보기 · 164

PART 3. 천국을 준비하는 삶

1. 천국에서 방금 내려온 사람은 어떻게 살까 · 174
2. 죄인은 결코 천국을 사랑할 수 없다 · 180
3. 현재의 천국 · 188
4. 그리스도께서 직접 예비하시는 곳 · 194
5. 천국의 안식을 미리 연습하기 · 200
6. 하나님의 선물을 거부한다면 · 208
7. 죄인의 부활과 하나님의 진노 · 216
8. 천국에는 죄의 자리가 없다 · 224
9. 천국의 초대장 · 234
10. 주님과 함께 다스릴 준비 · 244

PART 4. 영원한 기쁨으로 들어가라

1. 죽음은 고향으로 돌아가는 것 · 256
2. 아버지의 집으로 · 264
3. 천국에 있는 사랑하는 이들 · 270
4. 천국에서의 우정 · 276
5. 새 창조 안에 있는 기쁨 · 286
6. 죽음은 마치 잠과 같다 · 294
7. 죽음은 아무 힘이 없다 · 300
8. 나는 천국에서 여전히 나일까? · 306
9. 하나님의 자녀의 부활 · 312
10. 이 날에 즐거워하고 기뻐하라 · 320

닫는 글 · 330

우리에게는 영원한 삶이 있다. 그것은 이 땅을 벗어난 실존이며,
이 땅의 삶에 속하는 것들을 초월한 것이다.
영원한 삶은 이 땅에서 경험한 최고의 순간들을 영원히 즐기는 것이다.
그것이 원래 하나님이 의도하신 삶이다.
천국에서 우리는 비로소 최상의 삶을 경험하게 되며,
따라서 영원한 삶을 사후死後의 삶afterlife이라고 부르기보다는,
이 땅의 삶을 사전死前의 삶beforelife이라고 부르는 것이
보다 정확한 표현일 것이다.

1
PART

다가올 세상의 영광

CHAPTER 1
하늘과 땅은 생각보다 훨씬 가깝다

이기는 자는 내 하나님 성전에 기둥이 되게 하리니
그가 결코 다시 나가지 아니하리라
내가 하나님의 이름과 하나님의 성 곧 하늘에서
내 하나님께로부터 내려오는 새 예루살렘의 이름과
나의 새 이름을 그이 위에 기록하리라

요한계시록 3:12

이 땅에서 바라볼 때, 천국은 너무나도 먼 곳에 있는 것처럼 보인다. 그러나 사실 이 땅은 천국의 그림자 즉, 천국의 모양대로 만들어진 곳이다. 하늘과 땅은 우리가 생각하는 것보다 훨씬 더 가깝다.

Spurgeon

언젠가는 이 물질 세계가 만군의 주님이 거하시기에 합당한 성전이 될 것이다. 신랑을 위해 단장한 신부처럼, 하나님이 직접 준비하신 새 예루살렘이 내려올 것이다. 땅과 하늘은 서로 닮아 있다. 하나는 다른 하나의 모형이다. 이 둘은 진정한 닮은꼴이다.

천국은 어떤 곳인가? 그곳은 낙원이며, 동산이다. 그러므로 꽃향기가 가득한 정원을 거닐면서 천국의 향기를 그려보라. 또한 천국은 왕국이다. 보좌, 면류관, 종려가지는 천국을 보여주는 이 땅의 상징이다. 천국은 또한 도성이다. 이것 역시 이 땅에서 사람이 모여 사는 것을 나타내는 은유적 표현이다. 그곳에는 많은 "거할 곳"요 14:2이 있으며, 그곳은 영광스럽게 된 성도들의 집이다. 집은 땅에 속한 것이지만, 하나님이 우리의 진정한 집이다.

땅과 하늘을 비교하는 것은 결코 억지스러운 것이 아니다. 여기에도 식탁이 차려져 있고, 거기에도 그렇다. 천국의 성도들이 어린 양의 혼인 잔치에서 떡을 먹는 것처럼 우리도 여기에서 그렇게 한다.

그렇다. 땅과 하늘 사이에는 미세한 경계가 있을 뿐이다. 우리가 돌아갈 고향은 생각보다 훨씬 가깝다. 천국은 그렇게 먼 곳이 아니다. 왜냐하면 우리 아버지의 집이기 때문이다. 천국은 너무나 가까운 곳이라서 우리는 그곳의 왕이신 분께 언제고 이야기할 수 있고, 그분은 우리의 질문에 대답해 주신다. 우리는 눈 깜짝할 사이에 그곳에 있을 수 있다.

아, 형제자매들이여, 우리는 천국의 성도들이 우리 목소리를 들을 수 있을 만큼 천국과 가까이에 있다. 우리는 집에 거의 다 왔다. 잠시 후면 우리 주님을 뵙게 될 것이다. 어쩌면 하루만 더 지나면 천국 문에 다다를지도 모른다. 이 땅에서 오십 년을 더 산다고 한들, 눈 깜짝할 새 뿐 아닌가?

Alcorn

17세기 명작 《실락원 *Paradise Lost*》에서 존 밀턴 John Milton은 에덴동산을 각종 향기로운 꽃과 맛있는 과일, 그리고 부드러운 풀밭과 물이 풍부한 곳으로 묘사한다. 스펄전과 마찬가지로 밀턴도 에덴동산을 천국과 연결한다. 천국은 땅에 있는 것들의 근원이며, 큰 기쁨이 있는 곳이요, 땅의 모든 즐거움의 원천이 되는 곳이다. 밀턴의 글에서 천사 라파엘은 아담에게 이렇게 묻는다.

> 만약 땅이 천국의 그림자일 뿐이라면,
> 그리고 거기 있는 것들이
> 땅에서 생각하는 것보다 훨씬 더 비슷하다면?

땅이 천국의 그림자라는 생각에는 성경적인 근거가 있다. 예를 들어, 천국에는 두루마리 책이 있으며, 얼굴이 있는 장로들이 있고, 옷을 입고 있는 순교자들이 있으며, 심지어 손에 종려 가지를 들고 있는계 7:9-13 사람들도 있다. 현재의 천국에는 악기가 있으며계 8:6, 천국을 넘나드는 말들이 있고왕하 2:11, 계 19:14, 천국의 공중을 날아가는 독수리가 있다계 8:13. 이 중에 어떤 것들은 상징적인 존재겠지만, 전부가 그런 것은 분명 아니다.

하나님이 천국의 거룩한 도성을 땅의 도성을 본떠 만드셨을까? 천국에는 공동체도 없고, 문화도 없어서 이 세상으로부터 그런 개념을 빌려야만 하는 것일까? 오히려 도성을 비롯한 이 땅의 실체들이 하늘의 실체로부터 파생된 것이 아닐까?

우리는 땅에서 시작해서 천국으로 유추해 가는 경향이 있다. 그러나 오히려 하늘에서 시작해서 땅으로 유추해 가는 것이 옳다.

예를 들어, 하나님이 자신을 아버지로, 우리를 자녀로 부르시는 것은 하나님과 우리의 관계를 이 땅의 가족 관계에 맞추시려는 것이 아니다. 오히려 그 반대로, 하나님과 우리의 관계를 보여주시기 위해 이 땅에 부모와 자녀 관계를 만드셨고, 마찬가지로 그리스도와 그의 신부의 애정 관계엡 5:25-32를 나타내시기 위해서 인간의 결혼을 만드신 것이다.

하나님은 사람을 자신의 형상대로 지으신 것처럼, 땅을 천국의 모양대로 지으셨다. C. S. 루이스는 이렇게 말한다. "천국의 언덕과 골짜기, 그리고 이 땅의 언덕과 골짜기의 관계는 복제와 원형의 관계가 아니며, 모조품과 진품의 관계도 아니다.

오히려 꽃과 뿌리, 또는 다이아몬드와 석탄의 관계라고 할 수 있다."

하나님이 아담과 하와와 함께 에덴동산을 거니셨을 때, 이 땅은 천국의 뒤뜰이었다. 하지만 새 땅은 그보다 훨씬 나은 것이 될 것이다. 즉, 천국 그 자체가 될 것이다. 예수님을 아는 사람들은 거기에서 사는 특권을 누리게 될 것이다. 스펄전이 말하는 땅과 하늘 사이의 미세한 경계는 영원히 그리고 완전하게 소멸될 것이다.

하나님의 계획은 영적인 세계와 물질적인 세계의 간격을 없애시는 것이다. 한 주님 아래서 영원히 하나의 세계, 하나의 우주만이 있게 될 것이다. 이것이 바로 역사의 진행 방향이며, 멈출 수 없는 하나님의 계획이다.

CHAPTER 2

위대한 예술가 하나님

주의 손가락으로 만드신 주의 하늘과
주께서 베풀어 두신 달과 별들을 내가 보오니
사람이 무엇이기에 주께서 그를 생각하시며
인자가 무엇이기에 주께서 그를 돌보시나이까
그를 하나님보다 조금 못하게 하시고 영화와 존귀로 관을 씌우셨나이다
주의 손으로 만드신 것을 다스리게 하시고 만물을 그의 발아래 두셨으니
곧 모든 소와 양과 들짐승이며 공중의 새와 바다의 물고기와
바닷길에 다니는 것이니이다
여호와 우리 주여 주의 이름이 온 땅에 어찌 그리 아름다운지요

시편 8:3-9

자줏빛 석양이나 수선화가 만발한 들판 또는 숨 막힐 듯한 산세의 절경을 볼 때, 창조주에 대해서 어떤 생각이 드는가? 이 세상은 완전함과는 거리가 멀지만, 하나님은 창조의 아름다움을 통해 자신과 새 땅의 모습을 엿볼 수 있게 하셨다.

Spurgeon

속속들이 썩어빠진 인간은 자연을 기뻐하지 않는다. 사냥을 제외하고는 들판에 신경을 쓰지 않으며, 임대료를 올리기 위해서가 아니라면 땅에도 신경 쓰지 않는다. 잡아먹거나 팔기 위해서가 아니라면 살아 있는 동물에 대해서도 별 관심이 없다. 그가 밤을 좋아하는 이유는 죄를 즐기기 위해서일 뿐, 그에게는 밤하늘의 별이 그가 켠 등불의 반만큼도 밝지 않다. 밤하늘을 밝히는 별들이 그에게는 무의미할 뿐이다.

어떤 사람이 라인 강변을 산책하기 위해 내려갔는데, 도착하자마자 곧 움막 속으로 숨어들었다. 아름다운 강과 산을 보면 마음을 빼앗겨 주님을 잊어버릴까 염려했기 때문이다.

나는 이런 행동에 결코 공감할 수 없다. 영적인 기쁨을 제외하고, 사람이 누릴 수 있는 가장 깨끗하고 순전한 기쁨은 하나님의 창조세계를 즐거워하는 것이기 때문이다. 오히려 나는 언덕 위에 서 계신 주님, 바닷가에 계신 주님을 만난다. 천둥소리 가운데서 아버지의 음성을 들으며, 햇볕에 반짝이는 물결의 출렁거림 속에서 사랑스럽게 속삭이는 그분의 음성을 듣는다. 이 모든 것이 우리 아버지가 만드신 것이다. 그러므로 나는 그것을 사랑한다. 자연 속에 있을 때, 나는 그분께 더 가까워짐을 느낀다.

위대한 예술가인 하나님의 손끝을 통해 탄생한 모든 작품에는 만드신 그분의 무언가가 들어 있다. 우리가 사는 이 세상은 아름다운 곳이다. 하나님은 자신의 창조를 즐거워하신다. 그의 백성들도 그래야 하지 않겠는가? 만약 하나님이 만드신 것이 그다지 좋지 않다고 생각한다면, 그것은 자신을 만드신 하나님을 부인하는 것이 된다.

이 아름다운 지구에는 하나님을 부정하는 사람마저 경건하게 만들 만한 아름다운 곳들이 있다. 어떻게 그런 것을 보고도 하나님의 존재를 의심할 수 있는가? 인체의 오묘함이나 장대한 천체의 질서를 생각할 때, 하나님의 존재를 비웃는 자들이 있다는 것이 기이할 뿐이다.

내가 만약 위대한 예술가라면, 내 아들이 집에 와서 나만 생각하느라 내 그림은 미처 눈에 띄지 않았다고 말한다면 기분이 썩 좋지는 않을 것 같다. 그렇게 말하는 것은 내 그림에 대한 모독이다. 만약 내 그림이 훌륭하다면, 내가 그린 그림을 보면서 함께 즐거워할 것이다.

밤하늘의 별들을 바라보기 좋아하고, 미나리아재비와 데이지가 만발한 들판을 거닐기 좋아하는 사람이라면 구원과 전혀 상관없지는 않다고 생각한다.

Alcorn

믿는 사람들 중에 이렇게 이야기하는 잘못된 영성을 가진 사람들이 있다. "우리는 하나님을 사랑해야지, 그분의 선물을 사랑해서는 안 된다." 또는 "우리는 창조물이 아니라, 창조주를 예배해야 한다." 그들은 하나님의 선물과 그분의 창조의 목적을 망각하고 있다. 창조물은 바로 그분의 위대하심을 우리에게 보여주는 것이다. 스펄전이 말하듯이, 우리는 하나님이 만드신 것

속에서 하나님을 뵙고 그것을 주신 하나님을 찬양해야 한다.

하나님이 직접 인류의 첫 고향인 땅을 준비하셨다. "여호와 하나님이 동방의 에덴에 동산을 창설하시고 그 지으신 사람을 거기 두시니라"창 2:8. "동산을 창설하셨다"는 표현에는 하나님이 이 땅의 집에 많은 관심을 가지시고, 손수 섬세하게 지으셨음이 잘 드러난다. 하나님이 첫 사람을 위해 창조의 엿새 동안 얼마나 조심스럽게, 아낌없이 에덴동산을 지으셨는지를 생각해 보면, 예수님이 이 세상을 떠나 하늘로 올라가신 이후로 2천 년 동안 우리를 위해 얼마나 멋진 곳을 준비하고 계실지를 상상해 볼 수 있다. 에덴동산이 우리의 과거 참조점이라면, 새 땅은 우리의 미래 참조점이다. 다음 구절들에는 이 땅을 에덴동산의 수준으로 다시 회복시키는 것에 대한 말씀이 나와 있다.

"나 여호와가 시온의 모든 황폐한 곳들을 위로하여 그 사막을 에덴 같게, 그 광야를 여호와의 동산 같게 하였나니 그 가운데에 기뻐함과 즐거워함과 감사함과 창화하는 소리가 있으리라"사 51:3.

"사람이 이르기를 이 땅이 황폐하더니 이제는 에덴동산 같이 되었고 황량하고 적막하고 무너진 성읍들에 성벽과 주민이 있다 하리니"겔 36:35.

"잣나무는 가시나무를 대신하여 나며 화석류는 찔레를 대신하여

날 것이라 이것이 여호와의 기념이 되며 영영한 표징이 되어 끊어지지 아니하리라"사 55:13.

성경은 이 땅의 삶의 모습을 통해 새 땅의 삶을 묘사하고 있다. 마찬가지로 우리도 현재의 삶과 미래의 천국에서의 삶을 직접 연결해 볼 수 있다. 예를 들어, 내가 여기에서 사람들과 함께 맛있는 음식을 먹고, 우정을 나누는 것은 하나님이 우리를 위해 예비하신 만찬 석상계 19:9에서 음식을 먹으며 나눌 친교와 연결된다. 이것은 사후 세계에 대한 맹목적인 비약이 아니라, 자연스러운 성경적 추론이다.

재회의 기쁨을 비롯한 이 땅의 모든 기쁨은 천국에 더 큰 기쁨이 있다는 사실을 속삭여 주며 천국의 모습을 넌지시 비춰 준다. 그랜드 캐니언, 알프스, 아마존 열대우림, 세렝게티 평원 등은 새 땅에 대한 대략적인 스케치에 해당된다. 우리는 일생을 통해 새 땅을 꿈꾼다. 물, 바람, 꽃, 사슴, 남자, 여자, 아이를 통해 아름다움을 볼 때마다 우리는 천국의 아름다움을 엿보는 것이다. 에덴동산이 그랬던 것처럼, 새 땅은 형언할 수 없는 기쁨과 숨 막힐 듯한 아름다움, 충만하게 하는 관계와 개인의 즐거움이 넘치는 곳이 될 것이다.

CHAPTER 3
하나님이 우리의 눈물을 닦아 주신다

이는 보좌 가운데에 계신 어린 양이 그들의 목자가 되사
생명수 샘으로 인도하시고
하나님께서 그들의 눈에서 모든 눈물을 씻어 주실 것임이라

요한계시록 7:17

죄나 죽은 사람 또는 고통 때문에 울어 본 사람은 눈물이 무엇인지 안다. 언젠가 하나님이 친히 우리의 눈에서 눈물을 닦아주실 것이다. 이뿐만 아니라 우리의 눈물을 웃음으로 바꾸어 주실 것이다.

Spurgeon

내 앞에 유리병이 하나 놓여 있다. 어둡고 칙칙한 병이다. 그 안에는 죄의 불꽃이 짜낸 눈물이 가득 들어 있다. 삶의 다른 모든 아픔을 합한 것보다 죄가 주는 슬픔이 더욱 크다. 사랑하는 형제자매들이여, 나는 하나님이 허락하시는 시련보다 우리의 죄 때문에 당하는 슬픔이 훨씬 크다고 확신한다.

만약 하나님이 우리의 눈물을 씻어 주시지 않는다면, 영화롭게 된 천국의 성도들도 울지 않을 수 없을 것이다. 하나님이 넘치도록 위로를 부어 주시지 않는다면, 천국의 성도들도 울 수밖에 없을 것이다.

여러분은 "어떻게 그럴 수 있지요?" 하고 물을지 모르겠다. 우선 하나님이 은혜를 부어 주시지 않는다면, 그들은 과거의 죄에 대한 엄청난 회한을 그대로 감당할 수밖에 없기 때문이다. 사람은 거룩해질수록 더욱 죄를 미워하게 된다. 그것이 바로 점점 더 거룩해져 간다는 증거다. 회개가 무디어져 간다는 뜻이 아니라, 점점 더 깊어져 가는 것이다.

우리가 완전히 거룩해지면, 우리는 죄를 더욱 미워할 것이다. 만약 우리가 이 땅에서 완전히 거룩해진다면, 우리는 통곡 외에는 아무 것도 할 수 없다. 그렇게 추하고 더러우며 표독한 죄로 물든 자신을 생각해 보라! 그렇게 선하고 자비로우며 자상하고 사랑이 많으신 하나님을 욕되게 한 것을 생각해 보라. 하나님이 우리가 알지 못하는 거룩한 방법으로 그들의 눈에서 눈물을 씻겨 주시지 않는다면, 그들은 감히 완전하신 하늘 아버지를 뵐 수조차 없을 것이다.

비록 그들은 지은 죄에 대한 회한을 어찌할 수 없을지라도, 전능하신 은혜의 능력으로 죄를 씻음 받고 하나님께 영광을 돌리게 되었다는 것을 알고 있다. 과거의 죄는 영원한 하나님의 주권적인 은혜라는 보석을 더욱 빛내기 위한 어두운 배경이 되었음을 그들은 안다.

밤은 어둡지만, 아침은 온다. 어둠의 언덕을 넘어 새벽의 동이 터 온다. 여러분 앞에 여전히 무덤이 놓여 있지만, 주님이 사망의 쏘는 것과 무덤의 승리를 빼앗으셨다.

무거운 짐을 진 형제자매들이여, 현재의 고난 속에 갇혀 지내지 말라. 오히려 과거의 기쁨을 돌이켜보고, 영원한 태고의 무한한 축복을 상기하라. 여러분이 존재하기도 전에 하나님이 자신을 위해 여러분을 선택하셨고, 여러분의 이름을 생명책에 기록하셨다. 또한 지금 이 땅에서도 주시지만 그곳에서도 영원토록 주실 그분의 자비와, 하늘에 사무칠 만큼 쌓아 두신 그 영광을 바라보라.

천국의 노래를 부르는 그들의 눈에는 더 이상 눈물이 없다. 그들은 "우리를 사랑하사 그의 피로 우리 죄에서 우리를 해방하〔신 분에게〕"계 1:5 노래한다. 나는 어떻게 그럴 수 있는지 도저히 이해할 수 없다. 지금 현재의 내 모습으로는 도저히 그렇게 할 수 없기 때문이다. 이에 대한 최고의 대답은 이것이다. "하나님께서 그들의 눈에서 모든 눈물을 씻어 주실 것입니다. 예, 그렇습니다. 하나님이 그렇게 하십니다."

Alcorn

내 아내 낸시는 미식축구를 사랑한다. 집을 개방해서 친구와 친척들과 함께 일요일 밤 경기를 시청한다. 여러분이 만약 그 때 우리 집을 방문한다면, 사람들이 기뻐 지르는 환호와 아쉬움으로 내뱉는 탄식을 들을 수 있을 것이다. 서로 기뻐하는 사람들이 모인 곳도 마찬가지다. 그들은 기쁨으로 껴안고 등을 토닥이며 장난스런 몸 씨름과 노래와 환담을 나누기도 한다. 무엇보다 확실한 것은 웃음소리가 끊이지 않는다는 것이다. 웃음은 하나님이 사람에게 주신 선물이다. 우리의 몸이 부활하게 되면, 웃음도 새로운 차원으로 승화하게 될 것이다.

유머의 기원은 어디일까? 사람이나 천사, 혹은 사탄이 아니다. 하나님이 모든 좋은 것을 만드셨고, 유머도 예외는 아니다. 하나님의 창조세계를 자세히 보면, 하나님의 풍부한 유머 감각을 확신할 수 있다. 아드바크aardvark(남아프리카산 개미핥기의 일종-옮긴이)나 개코원숭이baboon를 보라. 또는 기린은 어떤가? 미소가 떠오르지 않는가? 하나님은 우리를 웃도록 만드셨고, 웃음을 즐기도록 만드셨다. 그것은 건강에도 좋다. 새로운 세상에는 웃음이 넘칠 것이다.

물론 천국에서 찾아볼 수 없는 저급한 웃음도 있다. 곤란한 사람들을 웃음거리로 만들거나 사람의 고통을 하찮은 것으로 여기며, 비도덕을 조장하는 그런 종류 말이다. "화 있을진저 너희 지금 배부른 자여 너희는 주리리로다 화 있을진저 너희 지금 웃는 자여 너희가 애통하며 울리로다"눅 6:25. 지금 웃는 자들은 죽음 이후에 애통하며 울게 된다. 도움이 필요한 사람을 착취하고 외면한 자, 불행이 닥친 사람을 비웃는 자, 그리고 깨끗한 삶을 원하시는 하나님을 무시한 자는 영원히 애통하며 울게 될 것이다.

사탄의 가장 큰 거짓말 중의 하나는 하나님과 모든 선한 것은 따분하다는 것과, 쾌락과 만족감은 사탄이 주는 것이라는 말이다. 제자들과 함께 장난치시며, 웃으시는 주님을 떠올릴 수 없다면 성육신을 잘못 이해하는 것이다. 사실 사탄이야말로 유머라곤 찾아볼 수 없는 존재다. 죄는 결코 기쁨을 주지 않는다. 오히려 영원히 기쁨을 박탈해 버린다. 스펄전은 이렇게 말한다.

> "나는 하나님이 주시는 시련보다 우리의 죄 때문에 당하는 슬픔이 훨씬 크다고 확신한다."

정말 그렇다. 하나님은 진정 우리의 눈물을 닦아 주실 것이지만, 그렇게 하기 위해서는 먼저 우리의 죄를 씻어 주셔야만 한다.

그러나 하나님이 우리의 울음을 멈추게 하시면, 그곳은 울음 대신 웃음으로 채워질 것이다. 예수님은 이렇게 말씀하신다. "지금 주린 자는 복이 있나니 너희가 배부름을 얻을 것임이요 지금 우는 자는 복이 있나니 너희가 웃을 것임이요 인자로 말미암아 사람들이 너희를 미워하며 멀리하고 욕하고 … 너희에게 복이 있도다 그날에 기뻐하고 뛰놀라 하늘에서 너희 상이 큼이라 그들의 조상들이 선지자들에게 이와 같이 하였느니라"눅 6:21-23.

요한계시록 21장 4절도 자신의 백성의 눈물을 씻어 주시는 하나님에 대하여 말씀하고 있다. "모든 눈물을 그 눈에서 닦아 주시니 다시는 사망이 없고 애통하는 것이나 곡하는 것이나 아픈 것이 다시 있지 아니하리니." 죄와 사망의 고통 때문에 흘리는 눈물, 압제 받는 사람들의 눈물, 가난한 자들, 과부, 고아, 태어나지 못한 자, 박해 당한 자들의 울부짖는 눈물을 하나님이 닦아 주실 것이다. 인종 차별의 눈물도 닦아 주실 것이다. 그런 울부짖음은 더 이상 없을 것이다.

그렇다면 천국에는 눈물이 아예 없을 것인가? 그리스도를 뵙고, 사랑하는 이들을 다시 만날 때는 기쁨의 눈물이 북받쳐 오르지 않을까? 너무 웃다가 눈물이 난 적도 있지 않은가? 나는 그리스도께서 우리와 함께 웃으실 것이며, 그분은 재치가 넘치고 재미를 즐기는 분이시기 때문에 우리는 그분과 함께 영원히 재미있게 살게 될 것으로 믿는다. 스펄전은 이렇게 말한다. "나는 마음속 깊이 이렇게 믿는다. 울음뿐 아니라 웃음 속에도 거룩함이 있다. 때론 울음보다 웃음이 더 낫다고 생각한다."

우리가 천국에서 웃게 되는 것은 단지 우리 바람이 아니다. 그것은 그리스도께서 분명히 약속하신 것이다. 웃음은 현재의 울음에 대한 보상이다. 앞으로 얻게 될 웃음을 바라보며, 지금 "기뻐하고 뛰놀라"고 주님이 말씀하신다. 전혀 웃지 않고 침묵 속에서 기뻐 뛰놀 수 있을까? 현재의 웃음은 앞으로 우리에게 주어질 더 큰 웃음을 미리 맛보는 것이다.

스펄전이 이야기하듯, 이 땅에서 우리는 때때로 웃는 것을 잊어버릴 때가 있다. 하지만 하나님 앞에서 하나님의 약속이 성취될 때, 우리의 웃음은 영원할 것이다. 천국에서의 영원한 미래에 대해 주님이 피로 값 주고 사주신 약속을 붙들라. 우리는 웃게 될 것이다.

CHAPTER 4

모든 나라와
족속과 방언과 함께

너희는 나의 모든 시험 중에 항상 나와 함께 한 자들인즉
내 아버지께서 나라를 내게 맡기신 것 같이 나도 너희에게 맡겨
너희로 내 나라에 있어 내 상에서 먹고 마시며
또는 보좌에 앉아 이스라엘 열두 지파를 다스리게 하려 하노라

누가복음 22:28-30

천국과 지옥 중 어디에 사람들이 더 많이 있게 될까? 스펄전의 대답은 여러분을 놀라게 할지도 모른다. 여러분이 그 의견에 동의하든 안 하든, 성경을 주의 깊게 읽으면, 천국은 모든 문화, 국적, 언어의 수많은 사람들로 가득한 곳이 될 것이라는 사실을 알 수 있을 것이다.

Spurgeon

나는 천국에서도 성도들의 사귐이 가능하다고 믿는다. 나는 종종 천국에 가게 되면 우선 이사야를 만나 봐야겠다고 생각한다. 왜냐하면 그는 누구보다 예수 그리스도에 대해서 많이 이야기했기 때문이다. 또한 조지 휫필드George Whitefield를 만나 볼 것이다. 그는 누구보다 열정적으로 자신의 삶을 다 바쳐 사람들에게 복음을 설교했다.

아, 그렇다! 우리가 천국에 가면 최상의 사귐을 갖게 될 것이다. 배운 사람과 못 배운 사람, 성직자와 평신도의 구별도 없고, 아무런 거리낌 없이 사람들을 사귀게 될 것이다. 우리는 서로를 가족처럼 여기게 될 것이다. 유대인과 이방인들이 서로 함께 앉게 될 것이다. 큰 자와 작은 자가 함께 음식을 먹을 것이며, "많은 사람이 이르러 아브라함과 이삭과 야곱과 함께 천국에 앉[게 될 것이다]"마 8:11.

여기에 달콤한 말씀이 있다. "많은 사람이 이르러." 어떤 이들은 천국이 매우 협소한 곳일 것이라고 생각한다. 심지어 오직 자기 교회를 다닌 극소수의 사람들만이 가는 곳이라고 주장한다. 나는 그런 작은 천국을 결코 바라지 않는다. 오히려 내 아버지 집에 거할 곳이 많다는 성경 말씀을 나는 사랑한다요 14:2.

어떤 사람들은 자주 이렇게 말한다. "문은 좁고 길은 협착하여 찾는 자가 적다고 했습니다마 7:14. 천국에는 정말 극소수의 사람만이 있을 것입니다. 대부분은 천국에 가지 못할 것입니다."

친구여, 나는 다르게 생각한다. 악마가 승리하도록 주께서 내버려두시겠는가? 악마가 천국에 있는 사람보다 더 많은 사람을 지옥으로 데려가도록 두시겠는가? 아니다. 그것은 불가능하다. 그렇게 된다면, 사탄이 그리스도를 비웃게 될 것이다. 하나님은 "아무도 능히 셀 수 없는 큰 무리"계 7:9가 구원을 '받을 것'이라고 말씀하신다. 하지만 아무도 능히 셀 수 없는 큰 무리가 구원을 받지 '못할 것'이라는 말씀은 없다.

이것은 얼마나 즐거운 소식인가! 만약 그렇게 많은 사람이 구원을 받는다면, 왜 내가 구원을 받지 못하겠는가? 왜 당신이 구원 받지 못하겠는가? "나 같은 사람도 그 많은 사람 속에 포함될 수 있나요?" 그렇다면 가련한 죄인도 용기를 얻고 이렇게 말할 것이다. "몇몇 사람만이 구원을 얻는 것이라면 나는 감히 구원 받을 꿈도 꾸지 못하겠지만, 수많은 사람들이 구원을 받는다면, 왜 나도 구원 받지 못하겠는가?"

하나님의 은혜를 받지 못할 사람은 결코 없다. 죽음에 이르는 죄를 지은 사람도 더러 있다마 12:31-32. 그러나 인류 중 수많은 사람들은 여전히 하나님의 주권으로 인한 자비의 기회를 받을 수 있다. "또 너희에게 이르노니 동 서로부터 많은 사람이 이르러 아브라함과 이삭과 야곱과 함께 천국에 앉으려니와"마 8:11.

Alcorn

모든 나라로부터 수많은 사람들이 몰려와 하나님의 영원한 나라를 채울 것이라는 스펄전의 믿음에는 성경적인 근거가 있을까? 나는 그렇게 믿는다.

대부분의 사람들은 천국에 여러 나라와 왕들과 문명과 문화가 있으리라는 사실에 익숙하지 않다. 그러나 이사야 60장을 비롯한 많은 성경 말씀을 보면 새 땅에서도 이 땅의 나라들과 이 땅의 것이 있으리라는 사실을 알 수 있다. 몇몇 나라가 아니라 모든 나라들이 될 것이다. "무리가 다 모여 네게로 오느니라"사 60:4. 하나님의 백성들은 나라들과 그 지도자들이 참여하는 영광스러운 미래를 맞이하면서, 새롭게 변화된 영광스러운 예루살렘에서 살게 될 것이다.

또한 새 땅에서는 나라들이 최상의 보물들을 새 예루살렘으로 가져올 것이다. "이는 바다의 부가 네게로 돌아오며 이방 나라들의 재물이 네게로 옴이라"사 60:5.

천국에도 인종적, 민족적인 정체성이 있을까? 그렇다. 부활하신 예수님은 유대인이실까? 당연히 그렇다. 그분이 유대인이심을 알아볼 수 있을까? 물론이다. 부활한 우리 몸의 유전자는 결점이 없을 것이며, 하나님이 디자인하신 인종적인 독특성과 개개인의 개성도 유지될 것이다.

장로들은 어린 양을 향해 이렇게 노래한다. "합당하시도다 일찍이 죽임을 당하사 각 족속과 방언과 백성과 나라 가운데에서 사람들을 피로 사서 하나님께 드리시고 그들로 우리 하나님 앞에서 나라와 제사장들을 삼으셨으니 그들이 땅에서 왕 노릇

하리로다"계 5:9-10. 누가 새 땅의 왕과 제사장으로 섬기게 될 것인가? 이전의 모든 족속과 방언과 백성과 나라의 백성들이 아니겠는가? 그들의 구별은 없어지지 않는다. 그들은 현재의 천국뿐 아니라 영원한 천국에서도 그대로 이어질 것이다.

족속tribe은 부족과 가계를 말한다. 백성people은 인종을 말한다. 나라nation는 국가적 정체성과 문화를 공유하는 사람을 말한다. 어떤 학자들은 하나님의 형상은 공동체적인 모습을 띤다고 말한다. "하나님의 형상을 온전히 보여주는 한 개인이나 집단은 없다. 하나님의 형상은 공동체적으로 소유되는 것이다. 하나님의 형상은 이 땅의 사람들 속에 분할되어 있다. 서로 다른 개인과 집단을 바라봄으로써 온전한 하나님 형상의 여러 측면들을 엿볼 수 있는 것이다."

만약 이것이 사실이라면, 인종 차별은 단순히 사람에 대한 불의일 뿐 아니라 하나님의 본성을 거부하는 것이 된다. 새 땅에서는 결코 죄를 즐거워하지 않을 것이며, 성경적인 의미에서 다양성을 즐기게 될 것이다. 우리는 결코 사람들을 배제하지 않을 것이다. 그들을 환영하며, 모든 이들에게 친절을 베풀게 될 것이다.

홀로 평화의 근원 되시는 우리의 왕 그리스도께서 이 땅에 평화를 확립하실 것이다. "지극히 높은 곳에서는 하나님께 영광이요 땅에서는 하나님이 기뻐하신 사람들 중에 평화로다"눅

2:14. 나라의 왕들과 지도자들이 왕이신 예수님의 의義 때문에 하나가 되고 주님 안에서 서로의 차이를 즐기며, 주님의 창조성과 다양한 성품을 찬송한다.

이 예언의 말씀을 주목하라. "세상 나라가 우리 주와 그의 그리스도의 나라가 되어 그가 세세토록 왕 노릇 하시리로다"계 11:15. 성경은 그리스도께서 이 세상 나라를 파괴하시거나 다른 것으로 대체하시리라고 말하지 않는다. 이 세상 나라는 실제로 그리스도의 나라가 될 것이다. 하나님은 이 땅의 나라를 없애 버리지 않으시고 자신의 나라로 변화시키실 것이다. 그것이 바로 새 땅의 나라이며, 하나님의 하늘나라로 결합하게 될 것이다. 새 땅에서는 "만국이 [그리스도의] 빛 가운데로 다니고 땅의 왕들이 자기 영광을 가지고 [새 예루살렘으로] 들어가리라 낮에 성문들을 도무지 닫지 아니하리니…사람들이 만국의 영광과 존귀를 가지고 그리로 들어가겠고"계 21:24-26.

목사이자 저술가인 브루스 밀른Bruce Milne은 본문에 대해 이렇게 말한다. "기나긴 역사 속에서 얻어진 궁극적인 가치는 하늘나라에서도 없어지지 않을 것이다. 하나님의 진리를 진정으로 보여주는 것, 나라의 역사 속에 살아 있는 가치, 문화적인 유산 등은 새 예루살렘에서도 보존될 것이다."

족속, 백성, 나라는 각기 새 예루살렘에서의 삶을 풍성하게 하는 데 기여할 것이다계 5:9, 7:9, 21:24-26. 교회의 다양한 은사가 많은 사람들을 이롭게 하는 것처럼고전 12:7-11, 우리 개개인의 다양성도 새로운 세상에서 많은 사람들을 섬기는 데 사용될 것이다. 마사이Masai, 딩카Dinka, 몽Hmong, 아타바스칸Athabascan, 티베트Tibetan, 와오다니Waodani, 아이슬란드Icelandic, 마케도니아Macedonian, 몰도바Moldovan, 모로코Moroccan, 페루Peruvian에서 온 성도들과 함께 예배하는 모습을 그려보라.

광대한 구속 사역을 통해 하나님은 현대의 나라들뿐 아니라 바벨론이나 로마 같은 고대의 나라들까지 다시 세우실지도 모른다. 고대 아시리아인, 수메르인, 페니키아인, 바벨론인, 그리스인들도 하나님의 구속 받은 백성에 포함될까? 그렇다. 왜냐하면 과거나 현재의 어떤 나라도 "각 나라와 족속과 백성과 방언"계 7:9에서 제외되지 않기 때문이다. 수백의 나라들, 수천의 백성들, 수백만의 구속 받은 개인들이 함께 모여 그리스도를 예배할 것이다. 또한 죄로 오염되지 않은 많은 나라와 문화적인 차이가 유지되며, 하나님의 영광을 찬송할 것이다.

CHAPTER 5

천국은 지루한 곳?

이 사람들은 다 믿음을 따라 죽었으며 약속을 받지 못했으되
그것들을 멀리서 보고 환영하며
또 땅에서는 외국인과 나그네임을 증언하였으니
그들이 이같이 말하는 자들은 본향 찾는 자임을 나타냄이라
그들이 나온바 본향을 생각하였더라면 돌아갈 기회가 있었으려니와
그들이 이제는 더 나은 본향을 사모하니 곧 하늘에 있는 것이라
이러므로 하나님이 그들의 하나님이라 일컬음 받으심을
부끄러워하지 아니하시고
그들을 위하여 한 성을 예비하셨느니라

히브리서 11:13-16

영원한 생명을 생각하면, 기쁨으로 가슴이 벅차오르는가 아니면 두려움에 빠지는가? 이 설교는 우리를 기다리고 있는 영원히 끝나지 않는 행복에 대해 말하고 있다.

Spurgeon

하나님은 죽은 자의 하나님이 아니요 살아 있는 자의 하나님이시라"눅 20:38. 여기에는 영원한 생명이 암시되어 있다. 또한 다윗은 죽으면서 이렇게 말했다. "하나님이 나로 더불어 영원한 언약을 세우사"삼하 23:5.

 자, 그렇다면 영원한 하나님이 70여 년 살다가 촛불처럼 사라져 버릴 인생과 언약을 맺으시겠는가?

하나님이 아브라함과 맺으신 언약의 주된 내용은 일시적인 것만이 아니었다. 가나안 땅만 약속하신 게 아니다. 구약의 족장들에 대해 성경은 "저희가 이제는 더 나은 본향을 사모하니 곧 하늘에 있는 것이라"히 11:16고 분명히 말한다. 그들은 가나안에 있을 때조차 본향을 찾고 있었으며, 그들에게 약속된 본향은 땅에 있는 예루살렘이 아니었다. 그들은 여전히 "하나님의 경영하시고 지으실 터가 있는 성"히 11:10을 찾고 있었기 때문이다.

그들은 이 땅의 삶 속에서 언약의 완전한 성취를 보지 못했다. 하나님이 그들에게 주신 일시적인 축복은 그들이 바라던 유산이 아니었다. 하지만 그들은 보이지 않는 실상을 믿었고, 그것을 바라며 살았다. 현재의 삶이라는 공간에는 언약에 담긴 축복을 모두 담아낼 수 없기 때문이다.

사랑하는 여러분, 우리가 기억해야 할 더욱 중요한 사실은 구약의 족장들이 이런 영원한 것들을 위해 지나가는 일시적인 즐거움을 기꺼이 포기했다는 점이다. 그들은 아직 보이지 않는 것을 위해서 이 땅에서 어려운 삶을 살았다.

아브라함은 자기 고향에서 편안하게 유력한 인물로 살 수 있었다. 그러나 영적인 축복을 위해 갈대아 지방을 떠났고, 가나안의 초지를 떠돌아 다녔다. 그곳은 적들이 살고 있는 땅이었고, 불편하게 천막에서 살아야 했다. 족장들은 친구와 가족을 떠나고, 문명화된 삶을 누리던 정당한 권리를 포기하기도 했다. 그들은 이곳에 영구한 도성이 없는히 13:14 사람들의 원형이요 모델이다.

이들의 삶에 주님의 명예와 명성이 달려 있다. 마치 이렇게 말씀하시는 것 같다. "내가 내 종들에게 어떻게 하는지를 알고 싶으면, 가서 아브라함과 이삭과 야곱의 삶을 살펴보라."

그렇다. 하나님은 자신의 백성들에게 미래를 위해 현재를 포기하라고 하셨고, 따라서 그들의 선택에 대해 책임을 지셔야 한다. 만약 그런 것이 실제로 존재하지 않고 영원한 미래의 삶이 없다면, "내일 죽으리니 먹고 마시자"사 22:13, 고전 15:32는 철학이 최선일 것이다.

하나님은 잠시 살다가 죽고 마는 사람의 하나님이 아니시다. 그분은 죽지 않는 사람들의 살아 계신 하나님이시다. 그들의 현재의 삶은 영원히 끝나지 않는 밝은 미래를 향한 어두운 통로일 뿐이다. 현재의 삶이란 우리 삶의 전체 역사에 놓인 짧은 서론일 뿐이다. 늘 물결 출렁이는 우리 인생의 강물은 이 땅에서 끝나는 것이 아니라 끝없는 축복의 망망대해로 흘러간다.

하나님은 영원한 축복을 하루살이 인생에게 약속하신 것이 아니다. 그분의 축복을 다 누리려면 엄청난 능력과 시간이 필요하다.

그러므로 그들의 삶에는 시대를 초월하는 영원한 행복의 모습이 담겨 있어야 한다. 아브라함과 이삭과 야곱은 행복을 누려 왔고, 앞으로도 영원히 그럴 것이다. 눈에 보이는 것이 전부이며, 이 땅에서의 삶이 겪은 모든 환난을 상쇄할 미래가 없다면 하나님은 그렇게 말씀하시지 않았을 것이다.

Alcorn

천국을 실제로 존재하는 신나는 곳으로 묘사한 내 소설 《데드라인*Deadline*》을 읽고 난 후, 한 여성이 편지를 보내왔다.

"나는 다섯 살 때부터 그리스도인으로 살아왔습니다. 중고등부 목사와 결혼을 했지요. 일곱 살 때, 기독교 학교의 선생님이 천국에 가면 이 땅의 일이나 사람을 전혀 알아보지 못할 거라고 말했어요. 나는 죽는 게 너무나 무서웠습니다. 그 어느 누구도 그것과 다른 얘기를 해 주지 않았어요. …… 천국과 영원한 삶에 대한 두려움 때문에 나의 기독교 신앙이 자라는 데 정말 어려움을 겪었습니다."

그녀의 말을 곰곰이 생각해 보라. "천국과 영원한 삶에 대한 두려움." 천국에 대한 새로운 관점에 대해 그녀는 이렇게 말한다. "그동안 나를 짓누르던 짐이 얼마나 무거운 것이었는지 짐작조차 못하실 거예요. …… 이제는 천국에 너무나 가고 싶습니다."

수많은 하나님의 자녀들이 천국에 대해 이처럼 불분명하고 부정적이며 비성경적으로 생각하는 큰 이유는 하나뿐이다. 바로 사탄의 유혹이다. 사탄이 즐겨하는 거짓말 중에 하나가 바로 천국에 대한 것이기 때문이다.

요한계시록 13장 6절은 사탄의 짐승에 대해 이렇게 말한다. "짐승이 입을 벌려 하나님을 향하여 비방하되 그의 이름과 그의 장막 곧 하늘에 사는 자들을 비방하더라." 우리의 적이 비방하는 것은 세 가지다. 그것은 하나님, 하나님의 백성, 그리고 하나님이 계신 곳, 즉 천국이다.

사탄은 천국이 존재하지 않는다고 우리를 설득할 필요가 없다. 그는 단지 천국이 지루한 곳이며, 이 땅과 같지 않은 곳이라고만 하면 된다. 만약 우리가 그 거짓말을 믿으면 우리는 천국에 대한 기쁨과 기대를 잃어버리게 되고, 이 땅에서의 삶만 생각하게 될 것이다. 누군가에게 우리의 믿음을 전하려는 마음도 생기지 않을 것이다. 우리조차 원하지 않는 지루하고, 으스스한 곳에서 영원히 살게 된다면, 왜 그런 '복음'을 사람들과 나누고 싶겠는가?

쫓겨난 독재자가 새로운 나라와 정부를 미워하는 것과 마찬가지로, 사탄은 새 하늘과 새 땅을 미워한다. 사탄은 그리스도께서 자신을 멸망시키는 것을 막지는 못하지만, 그는 우리에게 그리스도의 승리가 완전한 것이 아니라고 주장하며 하나님이 인류와 이 땅을 위한 처음 계획을 포기하실 것이라고 유혹한다.

사탄은 우리를 미워하기 때문에 하나님이 우리에게 약속하신 장엄한 천국을 소망함으로써 얻게 되는 기쁨을 빼앗기 위해 수단과 방법을 가리지 않는다.

그렇게 해서 우리는 영원한 삶이란 말을 하면서도 정작 그 뜻을 잘 생각하지 않게 된다. 그래서 고작 삶이란 이 땅에서의 실존을 말하는 것으로 좁아진다. 이 땅에서 우리는 일하고, 쉬고, 놀며, 다른 사람들과 어울려 산다. 또한 우리의 창조적인 재능을 활용해서 문화를 발전시키고 그것을 즐기기도 한다.

하지만 우리에게는 그보다 더 좋은 영원한 삶이 있다. 그것은 이 땅을 벗어난 실존이며, 이 땅의 삶에 속하는 것들을 초월한 것이다. 그것이 원래 하나님이 의도하신 삶이다. 천국에서 우리는 비로소 최상의 삶을 경험하게 되며, 따라서 영원한 삶을 사후死後의 삶afterlife이라고 부르기보다는, 이 땅의 삶을 사전死前의 삶beforelife이라고 부르는 것이 보다 정확한 표현일 것이다.

여러분이 하나님의 자녀라면, 여러분의 삶은 이 땅에서 한 번 사는 것으로 끝나지 않는다. 이 땅에서의 삶이 전부가 아니다. 훨씬 더 나은 모습의 영원한 삶이 있다. 여러분은 새 땅에서 살게 될 것이다. 지옥에 가는 사람들에게는 이 땅에서의 삶이 유일한 삶이지만, 여러분은 사모하는 하나님과 사랑하는 사람들과 함께 살게 될 것이다. 영원한 땅에서 영원히 죽지 않는 사람들과 함께 살게 되는 것이다.

CHAPTER 6

창조세계의 회복

나라가 임하시오며 뜻이 하늘에서 이루어진 것 같이
땅에서도 이루어지이다
마태복음 6:10

우리는 죄의 저주 아래 살고 있으며, 우리가 살고 있는 이 땅도 마찬가지다. 그러나 그리스도의 구속 사역을 통해 하나님은 이 땅을 회복시킬 광대한 계획을 갖고 계신다. 그것은 단지 이전의 모습으로 회복되는 수준이 아니라, 그것보다 훨씬 더 나은 모습으로 회복되는 것이다.

Spurgeon

이것은 정말 위대한 기도이다. 이 기도에는 무한의 광채가 서려 있다. 만약 본문의 기도를 하신 분이 주 예수님 자신이 아니라면, 우리는 그 기도가 너무 대담한 것이라고 생각할지도 모른다.

양동이에 담긴 물방울 하나와 같은 이 땅이 어떻게 바다와도 같은 천국의 빛과 생명을 접하고도 없어지지 않을 수 있을까? 이 땅은 덧없으며 무지가 가득하고, 죄로 오염되어 있으며 슬픔이 가득한 곳이다. 이 가련한 땅은 다시 천국과 나란히 설 수 있도록 회복되기에는 너무 멀리까지 떠내려간 것이 아닐까? 천국에서처럼 이 땅에도 거룩함이 머물 수 있을까? 오 하나님, 당신의 뜻이 하늘에서처럼 이 땅에서도 이루어질 수 있습니까?

그러나 우리 주님은 불가능한 것을 기도하라고 가르치신 적이 없다. 주님은 기도하면 반드시 들어주실 것만 알려주셨다. 그럴 수 있고, 그래야만 한다. 이렇게 기도하라고 가르치신 분은 헛된 말로 우리를 시험하시지 않는다. 이 기도는 하나님이 주시는 믿음으로만 할 수 있는 대담한 기도다. 인간의 신념으로 할 수 있는 기도가 아니다. 신념으로는 결코 주님의 뜻이 완전히 이루어지기를 바랄 수 없기 때문이다.

천국에서처럼 이 땅에서도 하나님께 순종하기를 바라는 것은 지나친 일이 아니다. 그것은 무리한 요구가 아니다. 왜냐하면 하나님이 이 땅과 천국을 만드셨기 때문이다. 창조주 하나님의 나라는 이 땅과 천국을 모두 아우른다. "하늘은 여호와의 하늘"시

115:16이며 "땅과 거기에 충만한 것…은 다 여호와의 것이로다" 시 24:1. 하나님은 위로 하늘에 있는 것과 아래로 땅에 있는 모든 것을 능력의 말씀으로 다스리신다.

만약 이 땅은 악마에게 속하고 천국만 하나님의 것이라면, 그래서 스스로 존재하는 두 세력이 다투는 것이라면 우리는 이 땅이 과연 천국처럼 깨끗할 수 있을지 의문을 품게 될지도 모른다. 그러나 우리는 용이 하늘에서 뿐 아니라 이 땅에서도 쫓겨날 것을 보게 될 것이다계 12:9.

창조주께서 손으로 만드신 모든 것이 그분의 영광으로 빛나야 하지 않겠는가? 창조하신 그분은 다시 새롭게 하실 수 있다. 이 땅에 쏟아진 저주는 영원한 것이 아니다. 가시와 엉겅퀴는 사라질 것이다. 하나님은 사람 때문에 저주하셨던 이 땅을 그리스도 때문에 축복하실 것이다.

이 땅과 천국 사이에 큰 틈이 벌어지지 않았던 때가 있었다. 둘 사이에는 어떠한 경계도 없었다. 하늘의 하나님이 땅의 아담과 함께 낙원을 거니셨다. 이 땅의 모든 것이 깨끗했고, 진실했으며 행복했다. 그것은 곧 주님의 동산이었다.

아, 그러나 뱀의 행적이 모든 것을 더럽혀 버렸다. 하지만 우리 주님은 왕이시다. 그분은 결코 보좌를 떠나지 않으신다. 태초에 그랬던 것처럼 이제 다시 그렇게 될 것이다. 주님의 성전이 백성들 가운데 있게 될 것이며, 주 하나님이 그들 가운데 거하실 것이다. "진리는 땅에서 솟아나고 의는 하늘에서 굽어 보도다"시 85:11.

"뜻이 하늘에서 이룬 것 같이 땅에서도 이루어지이다." 마침내 그렇게 될 것이다. 이것은 명백하다. 이 땅에서 하나님의 뜻에 완전히 순종하는 것은 에덴동산에서 끝나버린 원래의 좋은 시절로 되돌아가는 것이다. "의가 있는 곳인 새 하늘과 새 땅"벧후 3:13이 있을 것이다. 사람과 함께 "다 이제까지 함께 탄식하며 함께 고통을 겪고 있는"롬 8:22 피조물도 속박에서 해방되어 하나님의 자녀의 영광스러운 자유에 이르게 될 것이다.

Alcorn

스펄전은 이렇게 말한다. "하나님은 사람 때문에 저주하셨던 이 땅을 그리스도 때문에 축복하실 것이다." 하나님은 결코 원래의 창조 계획을 포기하지 않으신다. 그리스도의 사역은 보다 더 큰 구속의 구원 계획이라는 관점에서 바라볼 때 제대로 이해할 수 있다.

하나님은 사람을 이 땅에 두셨고 땅을 가득 채우게 하셨으며, 하나님의 영광을 위해 땅을 다스리고 개발하게 하셨다. 그러나 그 계획은 지금까지 결코 완전히 실현되지 않았다. 그렇다면 하나님의 계획은 시작부터 잘못됐고 실패했으며 결국 폐

기된 것일까? 아니다. 이런 결론은 모든 것을 아시며 지혜로우시고 전능하신 하나님과는 맞지 않다.

하나님은 마음을 바꾸지 않으셨다. 차선의 대안을 선택하지 않으셨고, 세상을 처음 만드셨을 때 의도하셨던 우리의 본모습을 포기하지도 않으셨다. 그리스도는 이렇게 말씀하셨다. "창세로부터 너희를 위하여 예비된 나라를 상속받으라"마 25:34.

그것은 이런 뜻이다. "이것이 바로 원래의 내 의도였다. 내가 십자가를 지고, 죽음을 이김으로써 너희에게 주고자 했던 것이 이것이다. 이것을 받아서, 다스리고 왕 노릇하며 즐기라. 나의 기쁨에 동참하라."

성경에 나오는 중요한 단어들을 살펴보자. 화해하게 하다 Reconcile, 구속하다 Redeem, 회복하다 Restore, 되찾다 Recover, 돌아오다 Return, 새롭게 하다 Renew, 거듭나다 Regenerate, 부활하다 Resurrect. 이 모든 단어들은 '다시re-'라는 접두어로 시작한다. 파괴되거나 잃어버린 것을 원래 상태로 되돌리는 것을 뜻한다. 예를 들어, 구속救贖, Redemption이라는 말은 예전에 소유했으나 잃어버렸던 것을 되사는 것을 말한다. 마찬가지로, 화해라는 것은 예전에 누렸던 우정이나 연합을 다시 회복하거나 재정립하는 것을 뜻한다.

이러한 단어들을 통해서 우리가 분명히 알 수 있는 것은 하나님이 우리를 보실 때마다 원래 의도하셨던 우리의 모습을 상기하신다는 사실이다. 마찬가지로, 이 땅을 보실 때에도 원래 의도하셨던 이 땅의 모습을 기억하시며, 따라서 원래 계획하셨던 모습으로 회복시키고자 하시는 것이다.

종교학 교수인 앨버트 월터스Albert Wolters는 이렇게 말한다. "예수님의 모든 기적에 있어서 특별히 놀라운 점은 (무화과나무를 저주한 경우를 제외하고) 그것들이 회복을 상징하고 있다는 사실이다. 건강의 회복, 생명의 회복, 귀신의 속박에서 자유케 되는 회복이다. 예수님의 기적을 통해 구속의 의미가 무엇인지를 눈으로 확인할 수 있다. 그것은 죄와 악의 사슬로부터 피조물을 해방시키는 것이요, 하나님이 원래 의도하신 피조물의 삶을 회복하는 것이다."

또한 월터스는 《창조 타락 구속Creation Regained》에서 이렇게 기술한다. "하나님은 타락한 피조물을 끝까지 붙드시며, 구원하신다. 자신의 손으로 만드신 것을 결코 버리지 않으시며, 자신의 아들을 희생시키기까지 하셔서 원래 계획하신 모습으로 회복시키신다. 인류는 하나님이 처음에 주셨던 명령을 져버렸고, 그와 함께 모든 피조물을 잃어버렸지만, 그리스도 안에서 또 한 번의 기회를 얻었다. 우리는 이 땅에서 하나님의 대리인 자격을 다시 회복했으며, 하나님의 본래의 선한 창조는 다시 회복될 것이다."

하나님은 자신의 창조를 던져버리고 다시 처음부터 시작하시는 분이 아니다. 야만으로 얼룩져 버린 캔버스를 버리지 않고, 고쳐서 더 아름다운 그림으로 만드신다. 적이 파괴하려고 한 창조 세계를 더 위대한 걸작으로 만드실 것이다. 우리는 그런 하나님을 영원히 예배하며 찬송할 것이다.

CHAPTER 7

완전해진 교회의 영광

성 안에서 내가 성전을 보지 못하였으니
이는 주 하나님 곧 전능하신 이와 및 어린 양이 그 성전이심이라
그 성은 해나 달의 비침이 쓸 데 없으니
이는 하나님의 영광이 비치고 어린 양이 그 등불이 되심이라
만국이 그 빛 가운데로 다니고
땅의 왕들이 자기 영광을 가지고 그리로 들어가리라
낮에 성문들을 도무지 닫지 아니하리니 거기에는 밤이 없음이라
사람들이 만국의 영광과 존귀를 가지고 그리로 들어가겠고
무엇이든지 속된 것이나 가증한 일 또는 거짓말하는 자는
결코 그리로 들어가지 못하되
오직 어린 양의 생명책에 기록된 자들만 들어가리라

요한계시록 21:22-27

하나님이 자신의 교회를 설명하시기 위해 사용하는 비유 중 가장 좋아하시는 것이 결혼을 준비하는 신부의 비유다. 결혼식에 참석할 준비가 되려면, 합당한 예복을 갖추어 입어야 한다.

Spurgeon

오늘 본문에는 영화롭게 된 교회가 나온다. 이 곳에는 하나님의 영광이 비치고, 어린 양이 등불이 되시며 거짓된 것을 발견할 수 없다. 따라서 본문은 천국에 대한 말씀이다. 지금 이 순간 천국에는 영화롭게 된 교회가 있으며, 모든 더러운 것은 천국에 들어갈 수 없다.

또한 본문은 성도들이 그리스도와 함께 이 땅에서 천 년 동안 다스리게 될 천 년 왕국에 대한 말씀일 수도 있다. 이 전쟁터에서도 우리의 대장은 승리의 관을 쓰실 것이며, 그가 피를 흘리신 곳에 그의 보좌가 세워질 것이다.

본문은 영원한 행복의 세계〔새 땅〕에 대해서도 말하고 있다. 영광스럽게 된 교회는 영원하고, 더럽혀지지 않은 기업을 상속하게 될 것이다. 그러나 더러운 모든 것, 죄 지은 자들은 교회 안에 들어올 수 없다. 죄는 천국과 천국이 주는 모든 기쁨으로부터 완전히 추방된다. 완전한 교회 안에 오염 물질은 결코 들어올 수 없다.

요한계시록 21장에 기록된 완전한 교회에 대해서 잠시 생각해보기 바란다. 이는 심오한 깨달음을 주는 풍성한 말씀이다. 하나님의 도성에서 부활 성도들에게 주시는 영광은 어떤 것일까? 지금도 그리스도 안에 있는 우리에게는 하나님의 은혜가 함께하신다. 그러나 앞으로 여러분은 하나님의 영광으로 더욱 환하게 빛나게 될 것이다. "그 때에 의인들은 자기 아버지 나라에서 해와 같이 빛나리라 귀 있는 자는 들으라"마 13:43. 현재에는 여러분이 악한 세대 가운데서 주님이 당하셨던 모욕을 함께 겪겠지만, 장래에는 주님이 고난의 대가로 받으신 영광에 여러분도 동참하게 될 것이다.

함께하시는 하나님이 빛이 되시는 그 교회는 얼마나 영광스러운 모습이겠는가! 그 빛 안에서 구속 받은 열방이 기뻐할 것이다. "오, 나의 하나님. 내 이름도 그들 가운데 있게 하소서. 그러기 위해서 이 땅의 핍박 받는 성도들 속에서도 내 이름을 기록하소서." 하늘나라의 말로 다할 수 없는 영광스러운 교회의 영예에 동참하려면 이 땅의 교회가 겪을 수밖에 없는 작은 수치를 기꺼이 감수해야 할 것이다.

우리는 종종 하나님의 교회가 어려움과 곤경에 처하는 모습을 본다. 비록 지옥의 문이 교회를 이기지는 못하지만, 연약한 교회는 심하게 떨곤 한다. 그러나 부활 후의 교회에는 더 이상 연약함이 없다. 왜냐하면 연약함 가운데 심긴 것이 하나님의 능력으로 부활할 것이기 때문이다. 부활 후의 교회는 한 번도 공략 당하지 않은 도성과 같을 것이며, 그 기초는 어떤 모략보다 더 깊고, 그 성루는 구름까지 닿을 것이다.

살아계신 하나님의 교회만큼 영원히 계속되며 번성하게 될 기관은 없다. 하나님의 교회를 생각할 때 전능하신 하나님이 세우신 그 교회의 방대함을 기억하라. 사람이 능히 셀 수 없는 수많은 사람들이 교회 안에 있게 될 것이다. 그 숫자는 하늘의 무수한 별들만큼 많을 것이다. 교회의 광대한 기초로부터 산 돌, 열두 보석의 기초석이 솟아오를 것이며 "말일에 여호와의 전의 산이 모든 작은 산 위에 뛰어나"게 될 때까지 그리할 것이다사 2:2.

"하나님이여 그 위대한 도성에 거하는 사람들 가운데 내 이름을 기록하소서." 이보다 더한 영예가 무엇이겠는가? 왕들 중의 한 사람, 제왕들 가운데 한 사람이 되는 것이다. 생각해보라. 여러분의 아름다운 왕복은 아무것도 아니다. 진정한 영광은 교회에 속하고 그 일부가 되는 것이다. 비록 지금은 사람들로부터 경멸당하고 거부되지만, 머지않아 해와 같이 빛나게 될 것이며 그 빛난 광채로 온 세상을 놀라게 할 것이다.

Alcorn

오늘날 교회를 비판하는 그리스도인들이 많다. 요즈음엔 이렇게 말하는 것이 유행이다. "나는 예수님을 사랑해요. 하지만 교회는 싫어합니다." 그러나 교회는 그리스도의 신부다. 많은 결점에도 불구하고 주님은 교회를 사랑하시며, 결코 그녀를 포기하지 않는다.

여러분 중에 누군가가 나에게 이렇게 말한다고 가정해 보자. "랜디, 나는 너와 친구가 되고 싶어. 하지만 네 아내는 질색이야." 그러면 나는 이렇게 답할 수밖에 없을 것이다. "낸시가 싫다면, 넌 나의 친구가 될 수 없어. 그녀와 나는 하나야. 그녀는 내 전부야. 나는 그녀를 위해 죽을 수도 있어." 그리스도께서도 신부인 교회에 대해 똑같이 말씀하실 것이다. 다른 점이 있다면, 주님은 이렇게 덧붙이실 것이다. "나는 그녀를 위해 이미 죽었단다."

스펄전은 교회의 '연약함'을 인정하지만, 지옥의 권세가 결코 승리하지 못하리라는 그리스도의 약속을 굳게 믿었다. 그래서 그는 이렇게 말한다. "진정한 영광은 교회에 속하고 그 일부가 되는 것이다. 비록 지금은 사람들로부터 경멸 당하고 거부되지만, 머지않아 해와 같이 빛나게 될 것이며, 그 빛난 광채로 온 세상을 놀라게 할 것이다."

"어린 양의 혼인 기약"이 이르면계 19:7, "그 준비한 것이 신부가 남편을 위하여 단장한 것" 같은 새 예루살렘이 내려오게 될 것이다계 21:2. 그곳에는 건물뿐 아니라, 하나님의 백성이 가득할 것이다. 온 세상이 신랑을 바라볼 것이지만, 당신께서 생명까지 아끼지 않으신 그 신부 또한 바라볼 것이다. "그의 아내가 자신을 준비하였으므로 그에게 빛나고 깨끗한 세마포 옷을 입도록 허락하셨으니"계 19:7-8.

우리는 교회에 대해서, 그 모든 문제에도 불구하고 이렇게 말할 수 있어야 한다. "이 중의 많은 이들이 구속 받은 성도이다. 그들은 비록 나처럼 불완전한 모습이지만, 그리스도의 신부다. 예수님, 도우소서. 교회를 부정하고 매도하며 조롱하는 대신, 당신이 그녀를 사랑하시는 것처럼 교회를 사랑하게 하소서. 당신이 나를 개인으로서가 아니라 교회의 일부로, 당신의 신부로 부르신 것을 깨닫게 하소서." 그렇다. 우리에게는 믿음이 필요하다.

나는 웨딩드레스를 입고 있는 아내와 딸의 순결한 아름다움을 생생하게 기억한다. 그리스도의 신부인 교회도 마찬가지로 순결해야만 한다. 그것이 우리 신랑을 위한 마땅한 선물이다. 우리 신랑이신 황태자는 언제나 우리에게 신실하셨다.

신부를 위한 빛나고 깨끗한 세마포 옷이 무엇일까? 우선 우리에게 덧입혀 주신 그리스도의 의를 생각할 수 있다. 그러나 본문은 다르게 말씀하신다. "이 세마포 옷은 성도들의 옳은 행실이로다"계 19:8. 선택받은 황태자비 즉, 교회가 주님 앞으로 나아갈 수 있는 것은 오직 신랑의 공로 덕분이다. 그러나 그녀의 결혼 예복은 신랑과 떨어져서 타락한 땅 위에서 사는 동안 거룩하게 살았던 행실로 만들어지는 것이다.

그것이 시사하는 바는 강력하다. 모든 기도와 선물, 모든 금식과 가난한 자에 대한 친절, 이 모든 것이 모여서 우리의 결혼 예복을 만들어 가는 것이다. 성령님께서 그 모든 것을 가능하게 하시고, 교회는 이 땅에서 사는 평생 동안 사랑하는 신랑과의 결혼 예식을 위해 결혼 예복을 만들어 가는 것이다.

이것이 바로 우리가 사랑하는 예수님과 함께 있기를 갈망하면서도 아직은 이 땅에 머물러 있어야 할 좋은 이유이다. 결혼식이 다가오고 있지만, 우리 주님 앞에 순결하게 나타나기 위해서 해야 할 일이 남아 있다. 우리는 사랑하는 주님과 새 집에서 함께 살기를 너무나 바라는 나머지, 그 날이 빨리 오기를 바라기도 한다. 그러나 다른 한편으로는 결혼식을 더 완벽하게 준비하기 위해서, 하나님께 충성된 행동으로 우리의 예복을 준비하기 위해서 시간이 좀 더 있기를 바란다.

  어린 양 예수님과 교회의 결혼식 장면을 상상해 보면 한편으로는 아름답지만, 쉽게 떠올리기 어려운 섬뜩한 부분도 있을 것 같다. 순결한 신부가 사랑하는 신랑과 하객 앞에서 다 해어진 옷이나 누더기를 입고 설 수는 없다. 부지런히 예복을 준비했다면, 그 드레스는 고귀하고 아름다우며 완전할 것이다. 하나님이 우리로 하여금 그의 교회가 되게 하시며 그의 교회를 세우고 사랑하게 해주시기를 간구한다.

CHAPTER 8

썩지 아니할 것으로
다시 살아나고

형제들아 내가 이것을 말하노니
혈과 육은 하나님 나라를 이어 받을 수 없고
또한 썩는 것은 썩지 아니하는 것을 유업으로 받지 못하느니라
보라 내가 너희에게 비밀을 말하노니 우리가 다 잠 잘 것이 아니요
마지막 나팔에 순식간에 홀연히 다 변화되리니
나팔 소리가 나매 죽은 자들이 썩지 아니할 것으로 다시 살아나고
우리도 변화되리라
고린도전서 15:50-52

어떤 사람들은 사후에 우리가 어떤 영적인 존재로 흡수되지는 않을까 두려워한다. 하지만 그것은 진실이 아니다. 우리는 영원히 같은 영혼과 같은 몸을 가지게 될 것이다. 그리고 그 어느 때보다 더욱 나다워질 것이다.

Spurgeon

지금의 내 몸은 십 년 전의 몸과 꼭 같은 몸이다. 하지만 어떤 작은 부분을 보더라도 십 년 전 '그대로'인 곳은 없다. 그럼에도 불구하고 '나'라는 정체성은 전혀 변하지 않는다.

우리가 부활할 때는 혈과 육으로 부활하는 것이 아니다. 왜냐하면 "혈과 육은 하나님 나라를 이어 받을 수 없고 또한 썩는 것은 썩지 아니하는 것을 유업으로 받지 못하〔기 때문이다〕"고전 15:50. 하지만 우리는 여전히 같은 몸을 가지게 될 것이다. 그러므로 우리가 할 일은 '씨'를 보호하는 것이다요일 3:9. 그러면 정체성을 잃지 않을 것이다.

하늘에 속한 형체가 있고, 땅에 속한 형체가 있으며, 그 영광이 서로 다르다. 해의 영광이 다르고 달의 영광이 다르며 별의 영광도 다르다고전 15:40-41. 따라서 비록 정체성에 있어서는 같은 몸이라 할지라도 그 몸을 구성하는 부분, 특히 연약함, 죽을 수밖에 없음, 부패함과 같은 성질은 빛이 어둠과 다르듯이 완전히 달라질 것이며 변화될 것이다.

아, 형제자매들이여, 우리의 몸은 땅에 묻혀 썩어 없어지는 것이 아니라는 진리를 확실히 믿기 바란다. 몸을 무덤에 두는 것은 금광석을 용광로에 넣는 것과 같다. 똑같은 금으로 다시 나올 것이지만 모든 불순물은 제거될 것이다. 모든 귀중한 것은 그대로 남을 것이지만, 썩을 것, 더러운 것, 죄된 것은 없어질 것이다.

우리가 믿는 대로는, 불순물이 제거된 다음에 우리 영혼이 몸으로 돌아올 것이며, 천국에서 그 둘이 즐겁게 만날 것이다. 이 땅에서 영혼과 몸은 종종 다투지만 서로 헤어지기 싫어한다는 사실은 이 둘 사이의 결합이 얼마나 공고한 것인지를 증명한다.

그리스도께서 다스리실 것인가? 우리도 그분과 함께 다스릴 것이다. 주님께서 이 땅을 심판하실 것인가? "성도가 세상을 판단할 것을 너희가 알지 못하느냐"고전 6:2. 주님이 도성을 다스리실 것인가? 우리로 하여금 많은 도시를 다스리게 하실 것이다. 모든 화려함과 승리와 함성에 우리도 참여하게 될 것이다. 장엄한 할렐루야가 땅과 육지와 바다로부터, 그리고 땅 아래 깊음으로부터 하늘로 올라갈 때, 우리의 입으로 장엄한 합창을 부를 것이며 우리의 귀로는 영원히 복된 화음을 듣게 될 것이다.

그 후에는 어떻게 될 것인가? 그 후에는 끝이 올 것이며 예수님이 이 땅을 하나님 아버지께 올려 드릴 것이다. 그런 다음 이 땅이 새롭게 되어 새 하늘과 새 땅으로 변모될 것인가? 그리스도께서 다시 오실 때 함께 내려올 새 예루살렘이 성도들의 미래 거처가 될 것인가?

이것만큼은 확실하다. 우리는 주님과 영원히 함께 있을 것이다. 주님께서 가르쳐주신 기도에 따르면 천국의 성도들은 그리스도와 영원히 함께 있을 것이다. "아버지여 내게 주신 자도 나 있는 곳에 나와 함께 있어 아버지께서 창세 전부터 나를 사랑하시므로 내게 주신 나의 영광을 그들로 보게 하시기를 원하옵나이다"요 17:24.

PART 1. 다가올 세상의 영광   75

하나님이 원래 의도하신 충만한 삶, 강렬한 삶, 영원한 삶, 하나님과 가까움, 하나님 사랑을 충만하게 느낌, 그리스도를 닮음, 그분과 충만한 친교를 누림, 하나님의 성령이 풍성함, 하나님의 풍성함으로 가득함, 넘치는 기쁨, 영원히 즐거움이 넘침, 완전한 거룩함, 허물이 없으며 죄의 생각조차 없음, 하나님의 뜻에 완전히 순종, 하나님의 뜻에 기꺼이 동의하며 순응함, 하나님과 하나됨 즉, 영원히 피조물로 머물지만 창조주로 가득 채워짐, 안심이 주는 평온, 천국의 섬김이 계속됨, 밤낮으로 하나님을 섬기는 데서 오는 강력한 만족감, 완전한 영과 영광스러운 천사들로 이루어진 복된 사회, 과거를 돌이켜보며 즐거워하고 미래를 바라보며 즐거워 함, 새로우면서도 한결 같음, 다양한 만족감과 한결같은 기쁨, 명확한 지식, 의심의 구름이 없음, 이해가 심화됨, 명확한 판단력, 그리고 무엇보다도 마음속의 강력한 열정, 그리고 그 마음을 다해서 사랑하는 주님을 뵙고 영원히 함께하기!

이것이 바로 천국의 모습이다! 나는 불멸의 바다 위로 부서지는 파도의 끝자락을 보았을 뿐이다. 영광스러운 산맥의 몇몇 봉우리의 이름을 말하고자 했을 뿐이다.

아! 그러나 나의 말과 생각으로는 도저히 담을 수 없다. "하나님이 자기를 사랑하는 자들을 위하여 예비하신 모든 것은 눈으로 보지 못하고 귀로 듣지 못하고 사람의 마음으로 생각하지도 못하였다"고전 2:9. 그것을 생각할 때 위로가 되는 것은 "오직 하나님이 성령으로 이것을 우리에게 보이셨[다]"고전 2:10는 사실이다.

하나님의 성령이 여러분 안에 거하셔서 영원한 안식과 영원한 잔치를 맛보게 하시길 기도한다. 그리스도께서는 하나님 아버지의 나라에서 우리와 함께 새 포도주를 마실 것이다.

Alcorn

수십 단어로 이어진, 천국에 대한 스펄전의 묘사를 읽어보았는가? 우리를 위해 천국에 예비된 수 없이 많은 놀라운 일들을 잘 묘사하고 있다.

"우리의 몸은 땅에 묻혀서 썩어 없어지는 것이 아니다."라는 스펄전의 말은 우리의 정체성이 이 세상으로부터 다음 세상으로 이어질 것을 말한다. 우리는 영원히 같은 영혼과 같은 몸을 가지게 될 것이다.

무엇이 여러분 고유의 정체성을 갖게 하는가? 그것은 몸뿐 아니라 여러분의 기억, 성격, 특성, 재능, 열정, 좋아하는 것, 관심을 두는 것들이다. 마지막 부활 때 이 모든 것이 죄와 저주를 벗어나 원래의 모습으로 회복되며 강화될 것이다.

여러분은 천국에서도 여전히 각자의 정체성을 유지하게 될 것이다. 자기가 아닌 그 누가 될 수 있겠는가? 이 땅에서 밥Bob이었던 사람이 고유의 정체성과 역사, 기억을 잃어버리고 밥이 아닌 다른 사람이 된다면 그가 비록 천국에 간다 해도 밥이 천국에 갔다고는 말할 수 없다. 부활하신 예수님은 다른 누군가가 되지 않았다. 부활 전의 예수님과 같은 분이었다. "나인 줄 알라"눅 24:39.

예수님은 제자들에게 이렇게 말했다. "내가 포도나무에서 난 것을 이제부터 내 아버지의 나라에서 새것으로 너희와 함께 마시는 날까지 마시지 아니하리라"마 26:29. 생각해 보라. 다가올 세상에서 같은 예수님이 같은 제자들과 함께 같은 포도주를 마실 것이다.

사후에 우리가 자기 정체성을 유지하지 않는다면, 이 세상에서의 삶에 대한 책임도 있을 수 없다. 심판이란 무의미할 것이다. 바바라가 더 이상 바바라가 아니라면, 그녀가 한 일에 대한 상과 책임도 없을 것이다. 그녀는 이렇게 말할 것이다. "그것은 지금의 내가 한 일이 아니에요." 심판과 영원한 상급에 관한 교리는 이 세상으로부터 다음 세상으로 우리의 고유한 정체성이 유지될 때에만 가능한 것이다.

브루스 밀른은 이렇게 기술한다.

"우리는 불교에서 말하는 것처럼 '전체All'로 흡수되어 버리거나 힌두이즘에 근거해서 말하는 것처럼 다른 생물체로 환생하지 않을까 염려할 필요가 없다. 창조주께서 우리에게 생명이라는 선물을 주시면서 주신 '나'라는 정체성, 예수께서 십자가에서 자신을 희생하시면서까지 지켜주신 '나'의 정체성은 영원히 지속될 것이다. 죽음이 우리를 파괴하지 못한다."

어떤 분들은 다음과 같은 말씀을 읽고, 우리가 개인적인 정체성을 잃어버릴 것이라고 생각한다. "너희가 신성한 성품에 참여하는 자가 되게 하려 하셨느니라"벧후 1:4.

이 구절이 말하는 것은 우리가 하나님과 구별이 되지 않는 존재가 된다는 뜻이 아니라 그리스도의 의를 덧입는다는 뜻이다. 우리는 하나님의 거룩하심에 참여하게 될 것이다. 하지만 여전히 하나님이 주신 개별성을 유지할 것이다.

우리의 개인적인 역사나 정체성은 이 땅으로부터 다음 세상으로 유지될 것이다. "내가 지을 새 하늘과 새 땅이 내 앞에 항상 있는 것 같이 너희 자손과 너희 이름이 항상 있으리라 여호와의 말이니라"사 66:22.

CHAPTER 9

예비된 백성을 위한 예비된 장소

그 때에 임금이 그 오른편에 있는 자들에게 이르시되
내 아버지께 복 받을 자들이여 나아와
창세로부터 너희를 위하여 예비된 나라를 상속받으라

마태복음 25:34

새 땅에서만 채워질 수 있는 고향에 대한 그리움이 있다. 지금 이 순간에도 예수님은 우리를 위한 참된 집을 예비하고 계신다. 그것은 문자 그대로 우리가 살게 될 물리적인 장소이다. 스펄전이 말하듯 이곳은 "최고 중의 최고"가 될 것이다.

Spurgeon

"천국은 예비된 백성을 위한 예비된 장소다." 이것은 기독교의 오랜 잠언인데, 성경 구절은 아니지만 여기에는 많은 영감이 담겨 있다. 이 내용을 뒷받침하는 성경 본문이 적어도 두 부분이 있다.

그 중 첫째는 구주께서 제자들에게 하신 말씀이다. "내가 너희를 위하여 거처를 예비하러 가노니"요 14:2. 이를 통해 우리는 천국이 "예비된 장소"임을 알 수 있다. 둘째는 골로새 교회에 대한 바울의 글이다. "우리로 하여금 빛 가운데서 성도의 기업의 부분을 얻기에 합당하게 하신 아버지께 감사하게 하시기를 원하노라"골 1:12. 이 말씀을 통해 하나님이 예비하신 백성, 즉 그리스도께서 예비하러 가신 기업의 부분을 얻기에 합당하게 된 사람들이 있다는 사실을 알 수 있다.

속속들이 알기 위해서는 오랜 시간이 걸릴지도 모른다. 하지만 천국에 가면 알게 될 것이다. 영원을 통해서 주님이 하신 말씀의 뜻을 깨닫고 확실히 알게 될 것이다. "내가 너희를 위하여 거처를 예비하러 가노니." 이 말씀을 통해 몇 가지를 추론해 볼 수 있다.

첫째, 천국은 그리스도의 백성을 위해 이미 준비되어 있다는 사실이다. 그리스도는 영광 중에 다시 오실 때, 오른편에 있는 사람들에게 이렇게 말씀하실 것이다. "그 때에 임금이 그 오른편에 있는 자들에게 이르시되 내 아버지께 복 받을 자들이여 나아와 '창세로부터 너희를 위하여 예비된' 나라를 상속받으라"마 25:34. 말씀에 따르면 하나님 아버지께서 아들에게 주신 사람들을 위해 예비해 두신 기업이 있으며, 이 기업은 그들을 위해 보존되어 있다.

그런데 이 기업이 창세로부터 예비되어 있다면, 어떻게 그리스도에 의해 예비된다고 할 수 있을까? 아마도 주께서 영원 전에 자신의 백성이 영원히 거할 적당한 곳을 준비하셨다고 설명할 수 있을 것이다. 그분은 해를 위해 궁창을 지으셨고, 별들에게도 있을 곳을 정해주셨다. 천사들에게도 있을 곳을 주셨고, 심지어 타락한 영들이 들어갈 감옥도 정하셨다. 따라서 그분이 우주의 창조를 준비하실 때, 은혜의 상속자들을 위해 거처를 예비하는 것을 결코 잊어버리지 않으셨을 것이다.

하나님이 이 세상의 기초를 놓기 전에, 그리고 해 뜰 녘의 별들이 엿새 동안의 창조를 노래하기 전에, 그분은 자신의 백성을 위해 거처를 예비하셨다. 그곳은 하나님의 영원한 목적과 계획 속에 있었다. 그곳은 그리스도께서 직접 예비하실 만큼 대단하고 영광스러운 곳이다. 그분은 여기 땅 위에 계셨고 많은 기적을 행하셨다. 하지만 거처를 예비하는 이 기적은 여기 계시는 동안에는 할 수 없는 일이었다. 자신의 백성을 위해 거처를 예비하기 위해서는 하늘의 집으로 돌아가셔야만 했다.

주님은 이렇게 말씀하실 수도 있었다. "천사들아, 내 사랑하는 자들을 위해 거처를 예비하라." 또는 빛의 첫 자녀들에게 이렇게 말씀하실 수도 있었다. "내가 선택한 이들을 위해 보석으로 만든 성전을 지으라." 그러나 주님은 이 일을 그들에게 맡기지 않았다.

형제자매들이여, 그분은 잘 해내실 것이다. 왜냐하면 우리를 너무나 잘 아시기 때문이다. 우리에게 가장 큰 행복이 무엇인지를 아신다. 우리의 영원한 영적인 성장을 이루는 데 가장 큰 도움이 되는 것이 무엇인지도 아신다. 우리를 너무나 사랑하시기 때문에 이 일을 직접 하시는 것이며, 모든 면에 있어서 더할 나위 없는 최상의 것으로 예비하실 것이 분명하다. 우리에게 최고 중의 최고를 충만하게 주실 것이며, 우리는 위대하신 주님의 마음이 주시는 모든 것을 받게 될 것이다.

Alcorn

"하늘 아버지는 이 세상의 순례 길을 가는 동안 종종 근사한 여관에서 쉬게 해주시지만, 그것을 고향집으로 오해하는 것은 원치 않으신다." C. S. 루이스의 말이다.

신학자인 도날드 블로쉬Donald Bloesch는 이렇게 말한다. "우리가 만나는 최대의 고난은 염려나 죄책감이 아니다. 그것은 향수병이다. 고향집에서 하나님과 함께 있기를 끊임없이 갈망하는 향수이다."

예수님의 말씀을 들어보자. "내 아버지 집에 거할 곳rooms

이 많도다 내가 너희를 위하여 거처place를 예비하러 가노니" 요 14:2. 거처place라는 말은 단수이고, 거할 곳rooms은 복수이다. 이를 통해 예수님은 우리 각자에게 개인적인 공간, 즉 큰 거처에 있는 작은 방을 주고자 하신다는 것을 알 수 있다.

'거할 곳'이라는 단어는 아늑하고 친밀하다. '집'이라는 단어는 '저택'으로 이해될 수 있다. 널찍한 공간을 뜻한다. 그것이 천국이다. 널찍하면서도 친밀한 공간이다. 아늑하며 오롯이 자신만의 공간을 선호하는 이도 있고, 널찍하며 확 트인 공간을 선호하는 이도 있다. 대부분의 사람은 경우에 따라서 두 가지 모두를 좋아한다. 물론 새 땅은 그 두 가지 모두를 만족시킬 것이다.

생각해 보라. 나사렛의 목수께서 신부인 우리에게 약속하셨다. 그분은 우리를 위하여 거처를 예비하러 가시며, 언젠가 우리를 그곳에 데려가기 위해 다시 오실 것이다. 목수는 집을 지으며 물건을 고친다. 오래 전에 그분은 우주를 지으셨으나 우주는 죄로 오염되었고, 이제 그분께서 그곳을 온전하게 고치실 것이다. 그분은 전지전능하실 뿐 아니라, 집 짓는 것에 대해서도 일가견이 있으시다.

이 땅에서의 삶이 끝나고 새 땅에 도착하게 되면 하나님의 자녀들은 비로소 처음으로 집에 돌아가게 되는 것이다. 하늘에 있는 우리의 집은 불타지도 않고 홍수에 떠내려가지도 않으며 바람에 날아가지도 않기 때문에, 우리가 돌아갈 즈음에 집이 그 자리에 그대로 서 있을지 염려하지 않아도 된다. 새 하늘과 새 땅은 결코 사라지지 않을 것이다. 비로소 우리는 영원히 변치 않는 집을 갖게 될 것이다.

천국을 집이라고 부르는 것은 단순히 은유적인 표현이 아니다. 그것은 실제적이고 물리적인 장소를 뜻한다. 우리의 신랑께서 약속하셨고, 짓고 계신 곳이며, 사랑하는 이들과 함께 살 곳이다. 천국은 우리가 좋은 집이라고 생각하는 그런 특성들을 다 갖추고 있을 것이다. 그곳은 친숙하며 편안하고 안전한 곳이며, 맛있는 냄새와 좋은 음식과 정겨운 대화가 가득한 곳이다. 또한 그곳에는 사색과 교제가 있으며, 하나님이 주신 은사와 열정을 마음껏 표현할 수 있는 기회가 있다.

많은 사람이 죽은 자의 부활을 믿지만, 장소와 관련하여 그 의미를 이해하는 사람은 많지 않다. 새 땅에서의 영원한 삶에 대한 설명이 없는 부활의 교리는 불완전하다. 그것은 마치 영혼에게 육체를 입힌 다음, 갈 곳을 주지 않는 것과 같다. 영원한 천국을, 육체 없이 영혼 혼자 사는 막연한 거주지처럼 여기는 비성경적인 편견은 우리가 상상하는 것보다 훨씬 더 해롭다. 비물질적이며 낯설기만 한 천국은 천사나 영혼에게는 적당

할지 모르지만 인간을 위한 집과는 거리가 멀다.

성경학자 그레이엄 스크로지Graham Scroggie는 이렇게 설명한다. "미래의 존재는 순전히 영적인 존재가 아니다. 물질적인 세계에서 몸을 입고 살게 될 것이다." 모든 인류가 아닌, 특별히 우리만을 위해 예비하신 특별한 장소를 보게 될 때, 우리는 기쁨이 넘칠 것이다. 우리에게 꼭 맞도록 만들어 주신 완벽한 집이라는 사실을 깨닫게 될테니 말이다.

스펄전의 말이 정말 옳다. "형제자매들이여, 그분은 잘 해내실 것이다. 왜냐하면 우리를 너무나 잘 아시기 때문이다. 우리에게 가장 큰 행복을 주는 것이 무엇인지를 아신다. 모든 면에 있어서 더할 나위 없는 최상의 것으로 예비하실 것이 분명하다. 우리에게 최고 중의 최고를 충만하게 주실 것이며, 우리는 위대하신 주님이 주시는 모든 것을 받게 될 것이다."

CHAPTER 10

우리 구속주의
능력과 영광

내가 또 보고 들으매 보좌와 생물들과
장로들을 둘러 선 많은 천사의 음성이 있으니
그 수가 만만이요 천천이라
큰 음성으로 이르되 죽임을 당하신 어린 양은
능력과 부와 지혜와 힘과 존귀와 영광과 찬송을 받으시기에 합당하도다 하더라
내가 또 들으니 하늘 위에와 땅 위에와 땅 아래와
바다 위에와 또 그 가운데 모든 피조물이 이르되
보좌에 앉으신 이와 어린 양에게
찬송과 존귀와 영광과 권능을 세세토록 돌릴지어다
하니 네 생물이 이르되
아멘 하고 장로들은 엎드려 경배하더라

요한계시록 5:11-14

이 세상은 완전하지 않으며, 우리는 그 사실을 매일 목격한다. 그러나 하나님은 우리가 경험하는 상처들을 충분히 고치실 수 있다. 별안간 하시는 것이 아니라, 언젠가 우리와 이 세상을 위한 구속의 계획을 성취하실 것이다.

Spurgeon

나는 잠시 숨을 고르고 우리가 천국에 갈 준비가 되어 있는지, 그곳에 있는 사람들과 같은지를 자문해 본다. 우리가 갈 곳은 한군데밖에 없다는 점을 기억하라. 우리가 만약 천국에 가서 완전한 성도들과 하나님을 찬양하지 않는다면, 우리는 하나님 앞에서 쫓겨나 정죄 받은 자들과 함께 고통당할 수밖에 없다.

만약 우리가 여기 있는 이들의 운명을 알 수 있고, 그들 중 일부는 진주 문에 들어가지 못하고 음부에서 낙원을 바라볼 수밖에 없으며, 그 사이에는 도저히 건널 수 없는 큰 구덩이가 있는 것을 보게 된다면 얼마나 끔찍할 것인가? 우리는 그 구덩이가 갈라놓은 바른 편에 있기를 바란다. 오늘밤 부디 바른 쪽 편에 서기 바란다. 우리 모두 천국에서 만나기 바란다.

"그들이 새 노래를 불러 이르되 두루마리를 가지시고 그 인봉을 떼기에 합당하시도다 일찍이 죽임을 당하사 각 족속과 방언과 백성과 나라 가운데에서 사람들을 피로 사서 하나님께 드리시고 그들로 우리 하나님 앞에서 나라와 제사장들을 삼으셨으니 그들이 땅에서 왕 노릇 하리로다 하더라"계 5:9-10. 나는 잠시 그 노랫말은 제쳐두고, 이 천국 노래의 교리에 대해서 말하고자 한다.

첫째 교리는 그리스도께서 높임을 받으신다는 것이다. 그분의 신성이 확증된다. 그들은 노래한다. "합당하시도다." 강한 날개를 가진 천사가 땅과 하늘, 우주의 깊은 곳들을 다니며 큰 소리로 외친다. "누가 그 두루마기를 펴기에 합당하냐?"계 5:2. 그러나 아무 대답이 없다. 어떤 피조물도 합당하지 않기 때문이다. 그 후에 교회가 노래를 통해 외쳐 부르는 한 분이 나오신다. "합당하시도다."

그분은 하나님이시며, 하나님 그 자체이시다. 그리스도가 하나님이심을 믿고 그분을 주와 하나님으로 받아들이지 않는 자는 결코 이 노래를 부를 수 없다.

다음으로 이 노래의 교리는 교회 전체가 그리스도를 묵상함으로써 기쁨을 누린다는 것이다. 주님이 이 두루마리를 받으셨을 때, 그들이 이렇게 말한 것을 주목하라. "두루마리를 가지시기에 합당하시도다." 하나님과 사람 사이에 그리스도가 계시다는 사실이 모든 믿는 자들에게 기쁨이 된다. 그리스도께서 다리를 놓아주시지 않으면 우리는 결코 하나님께로 갈 수 없다. 그분은 한 손은 우리에게 내미시고, 다른 손으로는 하나님을 붙들고 계신다.

하나님의 주권 역사 역시 그리스도의 중보 안에 있음을 기억하라. 천둥이 몰아치고, 역병과 죽음이 우리 주위를 맴돌아도 하나님의 자녀는 여전히 중보자의 보호 아래 있다는 사실을 나는 기뻐한다. 하나님은 하늘과 땅에 있는 모든 권세를 예수님께 주셨다. 교회는 중재자이신 예수님을 즐거워한다.

이제 이것을 주목하라. 그리스도께서 중보자가 되시기에 합당하신 이유가 이 노래 안에 나와 있다. 교회는 이렇게 말한다. "합당하시도다 일찍이 죽임을 당하사." 그리스도께서 중보자가 되시기로 결심하셨을 때, 교회의 대속물이 되시기로 서약

하신 것은 그분을 죽음으로 몰고 갈 수 있는 극적인 순간이었다. 예수님은 죽으심으로 말미암아 최고의 영광을 받으신다. 대속의 과정이야말로 주님께는 최고의 수치였으며, 아이러니하게도 그것은 영광에 이르는 최고 정점이기도 했다. 사랑하는 여러분, 우리가 우리의 중보자를 기뻐하는 것은 그가 우리를 위해 죽으셨기 때문이다.

속량 받은 것은 속량한 사람의 소유가 된다. 그러므로 주님이 속량하신 사람은 언제나 주님의 것이다. 그리스도는 말씀하셨다. "그들은 아버지의 것이었는데 내게 주셨으며"요 17:6. 그들은 언제나 하나님의 것이었다. 여러분은 자신의 것이 아닌 뭔가를 속량할 수 없다. 그것을 살 수는 있지만 속량하지는 못한다. 원래 하나님께 속했던 것이 이제 죄로 인하여 죄의 세력에게 팔렸다. 죄 때문에 우리는 율법의 저주 아래 놓였다. 하나님은 우리를 자신의 것이라고 주장하지만, 우리는 여전히 억류 중에 있다. 죄가 우리를 그렇게 요구했기 때문이다.

그런데 그리스도께서 오셔서 자신의 것을 보셨고, 그것을 속량하여 다시 자기 소유로 삼으려면 무엇을 지불해야 하는지 물으셨다. 그 대가는 그분의 피, 그분의 목숨, 그분 자체였다. 그리스도는 모든 대가를 치루셨고, 그것을 속량하셨으며, 우리도 오늘 밤 이렇게 노래한다. "각 족속과 방언과 백성과 나라 가운데에서 사람들을 피로 사서 하나님께 드리시고 그들로 우리 하나님 앞에서 나라와 제사장들을 삼으셨으니 그들이 땅에서 왕 노릇 하리로다 하더라."

그리스도는 우리를 구속하셨고 자신을 위해 우리를 구별하셨으며, 거룩한 백성으로 삼으셨다. 모든 인류 가운데서 우리를 택하시고 피로 값 주고 사셨다. 바로 이 구속이 하나님의 거룩한 백성을 구별하는 근거가 된다. "사람들을 피로 사서 하나님께 드리시고."

하나님은 결코 그리스도의 귀중한 피에 싫증을 내지 않는다. 자신의 구원이 어디에 있는지를 아는 그분의 백성도 마찬가지다. 천국에 있는 자들도 이 단어를 말하기를 주저하지 않는다. 언젠가 어떤 목사님에 대해서 이렇게 이야기하는 사람을 보았다. "아! 다른 목사님이면 좋겠어. 이분은 정말 지겨워. 맨날 피 얘기만 한다니까." 마지막 위대한 날에, 하나님은 그렇게 말한 사람을 지겨워하실 것이다.

Alcorn

복음은 우리가 상상하는 것보다 훨씬 더 크다. 그것은 단지 우리를 위한 좋은 소식만이 아니다. 그것은 짐승과 식물, 별과 행성들을 위한 좋은 소식이기도 하다. 위로는 하늘을, 아래로 땅을 위한 좋은 소식이다. 앨버트 월터스는 이렇게 말한다. "예수 그리스도의 구속은 원래 보기 좋았던 피조물의 회복을 뜻한다."

이 설교에서 스펄전이 본문으로 택한 것은 요한계시록 5장의 찬송이다. 모든 물리적인 우주가 하나님의 영광을 위하여 창조되었다는 것을 노래하고 있다. 하지만 인류가 반역을 행하였으며, 전 우주가 죄의 저주 아래 놓여졌다.

반면 뱀이 아담과 하와를 유혹한 것이 하나님을 곤경에 빠트린 것은 아니다. 하나님은 인류와 전 피조물을 죄와 부패와 사망으로부터 구속할 계획을 이미 가지고 계셨다. 또한 그분은 사람을 새롭게 만드시기로 약속하신 것처럼, 이 땅을 새롭게 하시겠다고 약속하셨다. 어떻게 그렇게 하시는가? 그리스도 곧, 하나님의 어린 양의 피로 그렇게 하신다. 다른 길은 없다.

하나님이 인간의 타락 때문에 인류를 이 땅에 가득 채우시고, 인류가 이 땅을 다스리게 하는 그분의 원래 계획을 포기하셨다면 홍수 이후에 노아에게 똑같은 명령을 하셨을 까닭이 없다. "생육하고 번성하여 땅에 충만하라"창 9:1. 그러나 사람은 죄와 저주가 완전히 소멸될 때까지 하나님의 대리인으로서 땅을 다스릴 능력이 없다.

하나님의 구속은 하나님의 원래 계획을 회복하는 것이다. 그렇다. 하나님의 구속 계획의 절정은 그리스도의 재림이나 천년 왕국이 아니라 새 땅의 완성이다. 그때 비로소 모든 어그러진 것이 완전히 바로잡힐 것이다. 죽음도 통곡도 고통도 없을 것이다계 21:1-4. 우주를 관통하는 보혈의 능력과 그 깊이가 비로소 명확히 나타날 것이다.

우리는 하나님께서 처음 만드신 땅을 본 적이 없다.
우리가 보고 있는 지구는 원래 모습의 희미한 그림자일 뿐이다.
그러나 그렇기 때문에 새 땅에 대한 갈망이 더 커지지 않는가?
저주로 인하여 빛을 잃은 현재의 지구조차 때론 너무나 아름다우며,
저주 때문에 연약해진 우리의 몸조차
이 땅의 아름다움과 경이에 압도된다면,
새 땅은 얼마나 더 장엄할 것인가?

2
PART

하나님의 얼굴을 보라

CHAPTER 1

하나님의 장막이
우리와 함께하신다

피조물이 다 이제까지 함께 탄식하며
함께 고통을 겪고 있는 것을 우리가 아느니라
그뿐 아니라 또한 우리 곧 성령의 처음 익은 열매를 받은 우리까지도
속으로 탄식하여 양자 될 것 곧 우리 몸의 속량을 기다리느니라

로마서 8:22-23

타락한 이 땅 위에는 탄식이 끊일 날이 없다. 그러나 스펄전은 하나님이 모든 만물을 새롭게 하실 날을 기다리며 희망을 잃지 말라고 권면한다. 그날에는 천국이 말 그대로 이 땅 위에 임할 것이다.

Spurgeon

로마제국의 장군이 전쟁에서 돌아오면, 조용히 로마로 들어와서 한두 주 정도 친구 집에서 머무른다. 그가 거리를 지나가면 사람들이 뒤에서 속삭인다.

"저 사람이 장군이라고. 정말 용감무쌍한 분이지." 그러나 그는 아직 공식적으로 나서지 않는다. 마침내 준비된 날에 이르면 도시의 성문이 활짝 열리고, 그는 아프리카 또는 아시아 전쟁의 개선장군으로서 눈처럼 하얀 말을 타고 수많은 전투에서 거둔 전리품을 거느린 채, 위풍당당하게 거리로 행진한다. 거리에는 장미꽃이 뿌려지고 풍악이 울려 퍼지며 군중들은 환호작약하며 그의 뒤를 따른다. 이것이 바로 개선 입성이다.

천국에 있는 이들은 복 있는 사람들이다. 그러나 그들은 아직 공식적으로 입성하지는 않았다. 그들은 주께서 호령하심과 동시에 천사장의 소리와 하나님의 나팔 소리로 친히 하늘로부터 강림하시기를 기다리고 있다살전 4:16. 그 다음에 그들의 몸이 부활하고 온 세상이 심판을 받게 될 것이다. 그 후에 주님의 피로 씻음 받고 흰 세마포를 입은 무리들이 승리의 종려 가지를 든 채 머리되시는 왕과 함께 면류관을 받기 위해 보좌 앞에 나아가 주와 함께 영원히 이 땅을 다스리게 될 것이다.

형제자매들이여, 우리는 승리를 위해 싸우는 전사들과 같다. 아직 승리의 함성이 울려 퍼지지는 않았다. 천국에 있는 성도들조차 아직 그들의 상을 다 받지는 못했다. 이것이 성취될 때까지, 믿는 사람들은 헐떡이며 신음하고 탄식하는 것이다.

본문은 이렇게 말한다. "우리까지도 속으로 탄식하며." 우리는 내면으로부터 탄식한다. 예외는 없다. 다소 차이는 있겠지만, 우리는 모두 이런 감정을 느낀다. 세상의 것을 많이 가진 사람이나 적게 가진 자나, 건강의 축복을 받은 자나 질병을 앓고 있는 사람 모두 우리 몸의 구속救贖을 향한 열렬한 내면의 탄식이 있다. 우리가 바라는 것은 오직 주님뿐이다.

사도 바울은 우리가 기다린다고 말한다. 기다린다는 것은 준비된 상태를 유지한다는 것을 뜻한다. 우리는 문가에 서서 사랑하는 이를 기다리며 그가 어서 문을 열고 우리를 데려가시기를 기대해야 한다. 평생 동안 주님을 섬긴 백발의 노옹이 고향으로 부르심 받을 때가 이른 것을 들뜬 마음으로 기다리는 모습보다 더 아름다운 광경은 세상에 없다. 그는 받은 바 성령의 처음 익은 열매롬 8:23를 즐거워하며, 또한 약속된 성령의 풍성한 수확을 열망한다. 그런 기다림과 소망은 너무나 유쾌하고 소중하다.

그러므로 주님의 뜻이 이루어지기도 전에 성급하게 현재의 아픔과 고통을 회피하려 해서는 안 된다. 우리는 완전해지기 위해 탄식하는 것이다. 주님이 하시는 일이 최선임을 믿고, 인내하면서 기다려야 한다.

언젠가는 하나님이 우리 육체를 변화시키셔서 우리 영혼에 꼭 맞는 육체로 바꾸어 주실 것이다. 다음에는 이 세상을 바꾸실 것이다. 우리는 또한 새 예루살렘이 하나님께로부터 하늘에서 내려오신다고계 21:2 약속하신 것을 간절히 보고 싶다. 죄가 왕 노릇하던 바로 이곳에서, 은혜가 더욱 넘치는 것을 우리는 보게 될 것이다. 우리는 하나님의 장막이 사람들과 함께 있으며 하나님이 그들과 함께 계시는 것계 21:3과, 그들은 그분의 얼굴을 볼 것이고 그분의 이름도 그들의 이마에 있을 것계 22:4을 믿는다.

우리에게 그런 기쁜 소망이 있으니 그것이 이루어질 때까지 우리는 탄식하고 부르짖으며 기다릴 수 있다. 잠시 동안 천국을 기다리며 탄식하겠지만, 곧 모든 탄식과 슬픔이 사라지고 행복이 가득한 영원한 처소로 가게 될 것이다.

그런 날이 완전히 오기 전에, 죽음 외에는 아무 것도 선사할 수 없는 거짓 주인을 섬기는 일을 그만 두라. 그리스도의 십자가를 껴안고, 모든 마음을 하나님께 드리라. 그러면 이런 고백이 여러분의 고백이 될 것이다.

"사망이나 생명이나 천사들이나 권세자들이나 현재 일이나 장래 일이나 능력이나 높음이나 깊음이나 다른 어떤 피조물이라도 우리를 우리 주 그리스도 예수 안에 있는 하나님의 사랑에서 끊을 수 없으리라"롬 8:38-39.

Alcorn

성경에서 말하는 새 땅은 지금 우리가 죽으면 가게 되는 천국을 말하는 것이 아니다. 예를 들면, 성경은 새 땅에서 우리가 부활한 몸으로 먹고 마시게 될 것이라고 분명히 말한다사 25:6, 마 8:11, 눅 22:18, 29-30, 계 19:9.

그러나 현재의 천국 즉, 이 땅을 떠난 하나님의 백성이 지금 살고 있는 그곳에서 이처럼 먹고 마시는 것은 아니다. 지금 천국에 있는 사람들은 아직 부활한 몸을 가지고 있지 않다는 것을 기억하라. (신학자들은 죽은 성도들이 천국에서 일시적으로 '신체'를 갖고 있을지 모른다고 논쟁을 벌이기도 하지만, 우리가 세상에서 입고 있던 육체가 죽은 자들의 부활 때까지 땅 속에 묻혀 있는 것은 분명한 사실이다.) 마찬가지로, 우리가 이해하는 현재의 천국 모습과 영원한 천국 즉, 새 땅의 모습이 반드시 일치하는 것은 아니다.

조금 혼란스러운가? 그럴 수도 있다. 그러나 천국은 변할 수 없는 것이라는 고정관념만 버리면, 충분히 이해할 수 있다. 하나님은 결코 변하지 않으신다. 하지만 천국은 변할 것이라고 말씀하신다. 한 가지만 예를 들자면, 하나님은 천국을 새 땅으로 옮기실 것이다계 21:1-2.

현재의 천국과 미래의 천국은 모두 천국으로 불린다. 왜냐하면 둘 다 하나님이 거하시기 때문이다. 그러나 그 둘이 같은 곳은 아니다. 현재의 천국은 천사의 영역에 있으며, 이 땅과는 분명히 구별이 된다. 반면에 미래의 천국은 인간의 영역 즉, 이 땅에 있게 될 것이며 그것은 새롭게 변화된 우주일 것이다. 하나님이 거하시는 곳에 사람도 거하게 될 것이다. "또 내가 새 하늘과 새 땅을 보니……또 내가 보매 거룩한 성 새 예루살렘이 하나님께로부터 하늘에서 내려오니……내가 들으니 보좌에서 큰 음성이 나서 이르되 보라 하나님의 장막이 사람들과 함께 있으매 하나님이 그들과 함께 계시리니 그들은 하나님의 백성이 되고 하나님은 친히 그들과 함께 계셔서"계 21:1-3.

새 예루살렘이 하나님께로부터 하늘에서 내려오면 어디로 갈까? 바로 새 땅이다. 그때 이후로 하나님이 거하시는 곳 즉, 천국은 구속 받은 하나님의 백성들과 함께 거하실 새 땅이다. 하나님이 자신의 보좌를 어디에 두시든지 그곳이 바로 천국이다. 그분이 왕국의 보좌를 새 땅 위에 두시면, 새 땅이 곧 천국이 되는 것이다.

예수님은 제자가 될 모든 사람에게 이렇게 말씀하신다. "우리가 그에게 가서 거처를 그와 함께 하리라"요 14:23. 자신의 영역으로 우리를 끌어올리시는 것이 아니라, 우리를 위해 만드신 영역으로 우리와 함께 사시기 위해 그분이 내려오신 것이다!

예수 그리스도가 이 땅에 오셨을 때, 그분의 이름 중 하나가 '임마누엘Immanuel'이었다. 그 뜻은 "하나님이 우리와 함께 하신다"이다. 성육신은 하나님이 우리와 함께 사시기 위해 내려오신 것이다. 그리고 예수님이 부활하신 바로 그 몸으로 하늘에 올라가신 것은 성육신이 일시적인 것이 아니라는 사실을 분명히 보여준다. 예수 그리스도가 하나님의 성육신이신 것처럼, 새 땅은 천국의 성육신이 될 것이다.

인간의 힘으로 '지상 낙원'을 이룰 수 있다는 이상주의자들의 주장은 잘못된 것이다. 그러나 사실은 이 땅에 천국이 임할 것이다. 그것이 하나님의 꿈이요, 계획이다. 우리가 아니라 하나님이 그것을 이루실 것이다.

CHAPTER 2

에덴을 향한 향수병

땅이 네게 가시덤불과 엉겅퀴를 낼 것이라 네가 먹을 것은 밭의 채소인즉
네가 흙으로 돌아갈 때까지 얼굴에 땀을 흘려야 먹을 것을 먹으리니
네가 그것에서 취함을 입었음이라
너는 흙이니 흙으로 돌아갈 것이니라 하시니라

창세기 3:18-19

죄의 저주 아래에서 고통 받는 것은 사람만이 아니다. 가시덤불과 황폐와 온갖 종류의 재난으로 인해 이 땅도 타락으로 인한 참화를 겪고 있다. 그러나 언젠가 그리스도께서 다시 오셔서 땅을 올바른 상태로 회복시키실 것이다. 그러면 피조물은 더 이상 탄식하지 않을 것이며, 다시는 빼앗기지 않을 새로운 삶을 즐겁게 노래하며 살게 될 것이다.

Spurgeon

나는 그리스도께서 다시 오실 때, 이 세상은 어느 곳이나 낙원의 동산처럼 비옥하게 될 것이라고 생각한다. 성경이 그렇게 보증한다. 말 그대로 사하라 사막도 샤론Sharon처럼 만개하게 될 것이다. 성경시대에 특별히 비옥한 땅으로 알려져 있었던 샤론의 평원은 지중해를 바라보는 이스라엘의 해안 지역인데, 그때가 되면 주님의 동산처럼 즐거워하게 될 것이다.

한 때 이 땅을 거닐었던, 지금의 동물들과는 판이하게 다른 거대한 동물들과 지금은 볼 수 없는 화려한 식물들이 다시 회복되고, 더 이상 고사병과 노균병과 가뭄의 저주 아래 놓여 있지 않은 아름다운 동산이 눈앞에 펼쳐진다. 이 땅에서 천국과 같은 모습을 보게 될 것이다.

이리가 어린 염소와 함께 눕고, 사자가 소처럼 짚을 먹을 것이며, 젖 뗀 어린 아이가 독사의 굴에 손을 넣을 것이다사 11:6-8. 곧 다가올 천 년 왕국에는 움켜 삼키는 사자나, 피에 굶주린 호랑이, 그리고 서로를 잡아먹는 짐승들은 찾아볼 수 없다. 하나님이 우리뿐 아니라 들의 짐승들에게까지 아담이 잃어버렸던 축복을 회복시키실 테니 말이다.

지구에 드리워진 검은 그림자가 보이는가? 이 행성은 캄캄한 밤 속을 지나고 있다. 옛 영광을 되찾게 될 낮이 아직 오지 않았다. 하지만 곧 다시 올 것이다. 의의 태양인 그리스도께 어둠을 흩으시고 세상을 다시 밝게 만드시리라.

이제 의가 거하는 새 하늘과 새 땅을 본다. 아직 이 세상은 죄, 무지, 실수, 우상, 범죄로 뒤덮여 있지만 마지막 피 한 방울까지 칼에 삼켜질 그 날이 오고 있다. 하나님이 마침내 전쟁을 그치게 하실 것이고, 그러면 이 땅의 마지막이 올 것이다. 그 날에는 그리스도의 발이 이 땅을 밟을 것이다. 바로 지금이라면 얼마나 좋을까! 모든 우상은 그 보좌로부터 엎드러지고, 노예 제도와 모든 범죄도 사라질 것이며, 평화가 조용히 날개를 펴서 온 땅을 덮으리라. 그제야 비로소 그리스도께서 세상을 위해서 돌아가셨으며, 승리하셨음을 알게 될 것이다.

바울은 말한다. "피조물이 다 이제까지 함께 탄식하며 함께 고통을 겪고 있는 것을 우리가 아느니라"롬 8:22. 무엇을 위해 탄식하는가? 이 세상의 모든 죄가 씻겨질 구속을 기다리며 탄식한다. 저주가 사라지고, 허물이 씻기며, 하나님이 처음 계획하셨던 아름다운 모습을 회복하게 될 것이다.

Alcorn

우리는 에덴을 미치도록 그리워한다. 이 그리움은 우리의 마음속에 심겨져 있는 향수병과도 같다. 우리는 그렇게 지어졌으며, 어쩌면 유전자 수준에서 이미 그런 건지도 모른다. 우리는 세상의 첫 남자와 여자가 즐거워했던 그것을 갈망하고 있다. 완전하고 아름다운 땅이며, 자유롭고 흠 없는 하나님과의 관계, 그리고 다른 이들과 짐승들, 그리고 환경과의 관계 말이다.

인간사의 모든 발전은 타락 때문에 잃어버린 것을 다시 찾으려는 노력의 산물이다. 만일 하나님의 계획이 인류를 현재의 천국 또는 영들이 거하는 천국으로 옮기는 것이라면, 굳이 새 땅과 새 하늘을 만드실 필요가 없다. 원래 피조물을 다 없애 버리시고, 잊어버리시면 그만일 것을 왜 하늘의 별들과 땅의 대륙을 새롭게 하실까? 그분의 계획은 그리 단순하지가 않은 것이다.

하늘과 땅을 창조하셨을 때, 하나님은 그 모든 것이 보시기에 "심히 좋았더라"고 말씀하셨다창 1:31. 하나님은 단 한 번도 자신이 만드신 것을 포기하지 않으셨다. 그렇기에 자신의 피조물을 버리지 않고 다시 회복시키실 것이다. 이 땅을 버려둔 채 천국으로 가는 일은 없다. 오히려 하나님은 "하늘과 땅을 하나로" 만드실 것이며, 거기에는 가로지르는 담도 없고, 사악한 인간으로부터 완전한 하늘을 지키기 위해 무장한 천사들도 없을 것이다창 3:24. 하나님의 완벽한 계획은 "하늘에 있는 것이나 땅에 있는 것이 다 그리스도 안에서 통일되게 하려" 하시는 것이다엡 1:10.

앨버트 월터스는 이렇게 말한다. "구속이란 피조물이 이전에 가지고 있지 않던 영적인 기운 또는 초자연적인 무언가를 더해 주는 것이 아니다. 오히려 이미 가지고 있던 것에 새로운 생명력과 활기를 불어넣는 것이다. 창조 시에 주어지지 않은, 새로 첨가되는 유일한 것은 죄에 대한 치료제이다. 이 치료제는 죄 없는 피조물로 회복시키기 위한 목적으로만 주어지는 것이다. 은혜가 만물을 회복시킨다. 다시 한 번 온전하게 만드는 것이다."

우리는 하나님이 처음 만드신 땅을 본 적이 없다. 우리가 보고 있는 지구는 원래 모습의 희미한 그림자일 뿐이다. 그러나 그렇기 때문에 새 땅에 대한 갈망이 더 커지지 않는가? 저주로 인하여 빛을 잃은 현재의 지구조차 때론 너무나 아름다우며, 저주 때문에 연약해진 우리의 몸조차 이 땅의 아름다움과 경이에 압도된다면, 새 땅은 얼마나 더 장엄할 것인가?

스펄전은 이 땅이 앞으로 어떻게 될 것인지를 잘 말해 주고 있다. "저주가 사라지고, 허물이 씻기며, 하나님이 처음 계획하셨던 아름다운 모습을 회복하게 될 것이다." 땅을 파괴하는 것으로는 결코 저주로부터 땅을 구원하지 못한다. 오직 부활을 통해서만 구원 받을 수 있다. 그리스도의 부활은 우리가 부활할 모습의 전조이며, 우리의 부활은 땅이 부활할 모습의 전조가 될 것이다.

CHAPTER 3

천국을 즐거워하는 것이
곧 하나님을 즐거워하는 것이다

우리가 육신에 있을 때에는
율법으로 말미암는 죄의 정욕이 우리 지체 중에 역사하여
우리로 사망을 위하여 열매를 맺게 하였더니
이제는 우리가 얽매였던 것에 대하여 죽었으므로 율법에서 벗어났으니
이러므로 우리가 영의 새로운 것으로 섬길 것이요
율법 조문의 묵은 것으로 아니할지니라

로마서 7:5-6

천국을 향한 열망과 하나님을 향한 열망 사이에서 고민한 적이 있다면, 이 본문 말씀이 고민을 해결해 줄 것이다. 이 두 열망은 사실 올바르게 연관되어 있다. 하나님을 더욱 사랑할수록, 하나님이 우리를 위해 예비해 두신 곳도 사랑하게 될 것이다. 또한 그곳을 더욱 바라볼수록, 그분을 더욱 그리워하게 될 것이다.

Spurgeon

누군가는 이렇게 말한다. "천국에서는 모든 사람이 완전하지만, 여기서는 아직 신분이 확실하지 않은 것 같은데요?" 성경이 그렇게 말하는가? 나는 성경에서 그런 이야기를 읽어본 적이 없다.

믿는 사람은 '유예 상태'에 있지 않다. 그는 사망에서 생명으로 옮겨졌고, 다시는 정죄 받지 않는다. 우리는 이미 "사랑하시는 자 안에서"엡 1:6 받아들여졌고, 그것은 결코 취소될 수 없는 사실이다. 우리의 구속주는 우리를 끔찍한 죄악의 구렁텅이에서 건져내셨고, 구원의 반석 위에 세우셨으며, 거기에 우리 길을 확실히 정하셨다. 그러므로 이제 주님 안에 있는 우리는 하늘에서 이룬 것 같이 주님의 뜻을 이 땅에서 이루어야 하지 않겠는가?

여기 이 땅에서는 천국의 완전한 성도들이나 천사들이 할 수 없는 일들이 많지 않은가? 만약 우리가 광범위하게 하나님을 섬길 수 있는 영역을 선택할 수 있다면, 천국이 아니라 땅을 선택해야 할 것이다. 천국에는 우리가 가서 도와줄 수 있는 빈민가나 과밀 지역이 없지만, 여기에는 그런 곳이 많다. 천국에는 선교사들이 목숨을 걸고 복음을 전하며 자신을 희생할 정글이 없다.

하늘에서처럼 땅에서도 하나님의 뜻을 이루기 위해서, 우리는 이 땅에 사는 영광을 얻었다. 하나님의 뜻을 이루는 데 있어서 어떤 면에서는 이 세상이 천국보다 나은 면이 있다. 아, 우리가 지금보다 더 나은 모습이기만 하다면 천국의 성도들은 우리를 부러워할지도 모른다. 우리가 제대로 살기만 한다면 천사가브리엘도 천국에서 이렇게 말할지 모른다. "나도 사람이라면 좋을 텐데!"

천국에서 기뻐하는 이유는 이 땅에서 만끽하는 기쁨의 이유와 다르지 않다. 우리는 천국에서의 삶을 이 땅에서도 살고 있다. 왜냐하면 같은 성령님께서 우리를 살려주셨고, 같은 주님을 바라보며, 같은 보호 안에서 기뻐하기 때문이다.

기쁨! 여러분에게 그 기쁨이 없는가? 주님은 이렇게 말씀하지 않으셨는가! "내가 이것을 너희에게 이름은 내 기쁨이 너희 안에 있어 너희 기쁨을 충만하게 하려 함이라"요 15:11. 그렇다. 여러분은 천국에서 더 큰 그릇이 될 것이다. 하지만 더 충만해지는 것은 아니다. 여러분은 의심의 여지없이 더 밝게 되겠지만, 주님이 이미 자신의 피로 여러분의 죄를 씻어 주시고 여러분에게 흰 옷을 입히셨기 때문에, 지금 이미 깨끗한 상태이다!

천국에 가는 것에 대해 조급해하지 말라. 이 땅의 것은 가볍게 여기되 이 땅에서 주님을 섬기기 위해 오래 사는 것을 큰 특권으로 여기라. 이 땅에서의 삶은 영원한 두 세계 사이의 짧은 간격일 뿐이다. 여기서의 삶은 영광으로 들어가는 문일 뿐이다.

예수 그리스도의 의로 옷 입으라. 이것이 땅과 하늘의 왕이 입을 예복이다. 낙원에서 부를 노래를 지금 시작하라. 그렇지 않으면 여러분은 천국의 합창단에 결코 들어갈 수 없다. 이 땅에서 천국의 음악을 연습하지 않은 사람은 그곳에서 결코 그 노래를 부를 수 없다.

Alcorn

나는 종종 이런 질문을 받는다. "예수님에 대해 얘기해도 충분할 텐데, 왜 천국을 그렇게 강조하는 거죠?"

스펄전의 글을 통해서 짐작하겠지만, 나의 대답은 이렇다. 그 두 가지는 함께 가는 것이다. 천국에 대한 올바른 열망은 하나님을 갈망하는 것이요, 하나님을 갈망하는 것은 천국을 열망하는 것이다.

천국을 하나님이 거하시는 곳으로 제대로 이해한다면, 그리고 하나님이 누구신지를 안다면, 그 두 가지는 결코 상충하지 않는다. 남편과 다시 함께 있기를 열망하는 여인은 "집에 가고 싶어요"라고 말할 것이다. 사랑하는 남편과 함께 살기를 바라기 때문이다. 그리스도와 천국은 서로 경쟁하는 것이 아니다. 그리스도는 천국을 사랑하시며, 우리가 천국을 사랑할 뿐 아니라 그분과 거기에서 함께 사는 것을 열망하기를 바라신다.

신랑과 사랑에 빠진 신부를 생각해 보라. 무엇보다 신랑과 함께 있기를 원할 것이다. 만약 그가 신부와 함께 살 집을 지으러 간다면 신부는 정말 기대에 부풀지 않을까? 그 집을 자꾸만 생각하고 이야기하지 않을까? 신랑도 신부가 그러기를 바랄 것이다. 그가 준비하고 있는 집을 사랑하고 갈망하는 것은 신랑을 사랑하고 그리워하는 것과 뗄 수 없는 일이다.

이와 비슷한 의미로, 나는 우리의 유업은 하나님이지 천국이 아니라는 말을 종종 듣는다. 물론 하나님은 우리의 유업이시다시 16:5-6. 하지만 천국 역시 우리의 유업이다벧전 1:3-4. 어느 것이 맞을까?

둘 다 맞다. 천국을 생각할수록 우리 마음은 하나님께로 기울어지고, 하나님을 생각할수록 우리 마음은 천국으로 끌린다. 사도 바울은 골로새서 3장 1절에서 단지 "그리스도를 찾으라"고 하지 않고, "위의 것을 찾으라 거기는 그리스도께서…계시느니라"고 말했다.

어떤 그리스도인 지도자가 우리는 천국을 고대해서는 안 되며 오직 하나님만을 고대해야 한다고 말한 적이 있다. 그러나 성경은 이런 이분법을 말하지 않는다. 아브라함의 갈망은 이러했다. "이는 그〔아브라함〕가 하나님이 계획하시고 지으실 터가 있는 성을 바랐음이라"히 11:10. 또한 하나님의 백성들은 "더 나은 본향을 사모하니 곧 하늘에 있는 것"히 11:16을 찾는 사람이라고 말한다.

그들은 천국 대신에 하나님만 바라야 하지 않았을까? 아니다. 그렇게 하는 것이 잘못된 것이라면, 하나님은 이것을 성경에 기록하지 않으셨을 것이다.

천국의 모든 기쁨은 하나님의 선하심이 흘러넘침으로써 파생된 것이다. 하나님이 주시는 모든 파생된 선을 즐거워하는 것과 하나님을 즐거워하는 것은 하나님의 은혜에 감사하는 것과 동일한 관계다. 찰스 스펄전은 열정적으로 천국에 대해 이야기한다. 그러나 그의 천국 이야기의 중심에는 하나님이 계시다는 사실이 분명히 드러나지 않은가?

나는 천국의 경이, 아름다움, 모험, 놀라운 관계가 그것들을 만드신 분과 경쟁적인 관계에 있다고 잘못 생각하는 사람들을 많이 만났다. 그러나 하나님은 우리가 천국에 대하여 지나칠 정도로 흥분하는 것에 대해서 아무 경계도 하지 않으신다. 결국 천국의 모든 경이로움은 우리 생각이 아니며 하나님의 생각이기 때문이다. 하나님은 자신과 자신의 사랑을 우리에게 보여주시는 주요한 방법으로 새 하늘과 새 땅의 경이로움을 선택하신 것이 아닐까?

에덴동산에 있는 아담과 하와를 그려보라. 이브가 아담에게 이렇게 말한다. "여기 정말 굉장하지 않아요? 얼굴을 어루만지는 햇살이 너무나 눈부셔요. 파란 하늘도 너무나 멋지군요. 동물들도 귀엽고요. 망고 좀 먹어봐요. 참 맛있어요."

그런데 아담이 하는 말을 잘 들어보라. "이브, 정말 엉뚱한 것만 생각하는구려. 아름다움, 상쾌함, 맛 좋은 과일 따위를 생각해선 안 되오. 하나님만 생각해야지요." 이런 모습이 그려지는가? 아담은 결코 그렇게 하지 않았다. 왜냐하면 이런 것들을 통해서 하와는 결국 하나님을 생각하게 될 것이기 때문이다. 마찬가지로, 하나님이 우리에게 주신 것을 즐기는 것과 하나님을 예배하고, 경배하며, 감사하는 것은 별개의 것이 아니다. 하나님은 우리가 받은 선물을 감사할 때 영광을 받으시며, 천국을 고대할 때 기뻐하신다.

CHAPTER 4
지금 천국의 잔치에 참여하기

너의 하나님 여호와가 너의 가운데에 계시니
그는 구원을 베푸실 전능자이시라
그가 너로 말미암아 기쁨을 이기지 못하시며
너를 잠잠히 사랑하시며
너로 말미암아 즐거이 부르며 기뻐하시리라 하리라

스바냐 3:17

우리는 영원토록 그리스도의 구속 사역 안에서 즐거워할 것이다. 그러나 그때까지 파티를 기다려야 할 필요는 없다. 지금 바로 이곳에서 천국의 파티를 먼저 시작할 수 있다.

Spurgeon

하나님이 물질세계를 만드셨을 때, 그 안에는 하나님의 영적인 감수성을 건드릴 만한 것이 별로 없었기 때문에, 단순히 평이하게 이렇게 말씀하셨다. "좋았더라." 그것이 전부였다. 보시기에 좋았더라.

그러나 주님이 새 하늘과 새 땅을 만드시며, 그것을 다 마치

시고 그리스도의 신부가 그분께로 이끌려 갈 때 그분은 이렇게 외치셨다. "너로 말미암아 즐거이 부르며 기뻐하시리라." 주 하나님이 노래 부르시는 것을 상상해 보았는가? 하나님이 자신의 교회, 자신의 예루살렘, 자신의 새 창조 때문에 노래를 부르실 것이다. 하나님이 노래하실 것이다.

천사들이 하나님이 하시는 일을 보고 즐거워하며 노래하는 것은 이해가 된다. 하지만 여기서는 하나님이 자신의 일에 대해 노래하시는 것이다. 그보다 더 놀라운 사실은 '여러분' 때문에 하나님이 노래를 부르신다는 사실이다.

그분은 우리의 아버지시다. 집 나갔던 방탕한 아들이 다시 돌아오면 아버지가 즐거워 노래하지 않겠는가? 그분이 우리 구세주시다. 우리를 예수님의 피 값으로 사신 구주께서 우리를 위해 노래하지 않겠는가? 그분은 성령님이다. 우리와 함께 애쓰시는 그분께서 모든 계획을 다 이루시고 우리를 거룩하게 하신 후에 즐거이 노래하지 않으시겠는가?

어떤 분들은 스스로를 구원하려고 하며 스스로 하나님 앞에 올바른 사람이 되려고 노력한다. 그러나 이는 불가능한 일이다. 우리는 하나님의 능력으로 새롭게 변화되어야 한다. 하나님이 우리 안에 시작하신 일로 인해 우리는 기뻐할 수 있다.

사랑하는 여러분, 이제 하나님과 함께 즐거워하자. 아버지가 아들을 다시 만났을 때 온 집안이 즐거워했다. 한 여인이 잃어버렸던 동전을 다시 찾았을 때 친구와 이웃을 불러다가 이렇게 말했다. "나와 함께 즐기자 잃은 드라크마를 찾아내었노라" 눅 15:9. 잃었다가 다시 찾은 이들로 인해 성령님과 함께 기뻐해야 하지 않겠는가? 목자가 잃었던 양을 집으로 데려왔을 때 이렇게 말했다. "나와 함께 즐기자 나의 잃은 양을 찾아내었노라" 눅 15:6. 와서 아버지와 함께 즐거워하라. 아들과 함께 기뻐하라. 성령님과 함께 즐거워하라.

삼위일체의 주 하나님이 자신의 창조 안에서 기뻐하고 즐거워하라고 우리를 초대하실 때 주저하지 말자. 우리 자신이 초대받은 주인공임을 알면 우리는 저절로 노래하게 될 것이다. 그분의 기쁨에 동참하고 싶을 것이다.

Alcorn

여러분은 자신이 한 일에 대해서 용서를 받을 자격이 없다고 생각할 수도 있다. 그것은 사실이다. 누구도 용서 받을 '자격'이 있는 것은 아니다. 만약 우리에게 그런 자격이 있다면, 우리에겐 용서가 필요 없을 것이다! 그러므로 하나님이 이렇게 말하시지 않을까 염려할 필요가 전혀 없다. "네가 그런 짓을 한 줄 알았더라면, 너를 결코 천국에 들여놓지 않았을 것이다."

우리의 모든 죄는 예수 그리스도의 피로 깨끗이 씻겼다. 하나님은 우리 최악의 모습을 아시고도 여전히 우리를 사랑하신다. 그 어떤 죄도 구세주보다 크지 않다. 그리스도의 희생 때문에 하나님이 우리의 죄를 용서해 주시는 것이 아니라면, 천국에는 아무도 없을 것이다. 그러므로 이것을 은혜라고 부른다. 예수님은 우리를 대신해 십자가에서 지옥을 경험하셨다. 그래서 우리는 자격이 없지만 이제 영원히 천국을 경험할 수 있게 되었다.

"또 함께 일으키사 그리스도 예수 안에서 함께 하늘에 앉히시니" 엡 2:6.

"그러나 너희가 이른 곳은 시온 산과 살아 계신 하나님의 도성인 하늘의 예루살렘과 천만 천사와 하늘에 기록된 장자들의 모임과 교회와 만민의 심판자이신 하나님과 및 온전하게 된 의인의 영들과……" 히 12:22-23.

이 구절들의 동사 시제가 (미래가 아닌) 현재 완료임을 주목하라. 즉, 이미 완료된 동작을 가리키는 것이다. 하나님의 자녀인 우리는 이미 천국 공동체의 일원이 되었다. 그리스도와 너무나 친밀하게 연합되어 있기 때문에 천국에서도 그와 함께 있게 될 것이다. 그렇기에 이 세상에서 그와 함께 걸으면서 관계를 맺으며 천국의 기쁨과 경이를 희미하게나마 미리 맛보는 것이다.

그리스도와 함께 천국에 거하는 자기 모습을 본 사람들은 인터넷에서 음란물을 보거나, 사업을 하면서 저울을 속이는 일은 하지 않을 것이다. 그러므로 그리스도 앞에 서 있는 우리의 모습을 잊어버리도록 사탄이 그렇게 날뛰는 것이 놀랍지 않다.

천국은 단지 장래에 우리가 갈 곳이 아니다. 우리는 이미 본향인 천국을 어느 정도 경험한 사람들이다. 우리가 이 진리를 확실히 붙든다면, 우리의 거룩함에 엄청난 영향을 미칠 것이다. 우리는 하나님과 그분의 영광, 은혜, 그리고 창조세계의 아름다움을 맛볼 수 있게 되었다. 하나님 나라의 궁극적인 승리와 다가올 죄의 심판에 대해서도 즐거워한다.

하나님 아버지께 죄를 고백했는가? 그리스도께 죄에 대한 용서를 구했는가? 성령님의 부르심에 응답하고, 당신을 위한 그리스도의 죽으심과 부활을 굳게 붙들었는가? 그렇다면 "너희는 여호와를 만날 만한 때에 찾으라 가까이 계실 때에 그를 부르라"사 55:6. 그분을 따를 힘을 달라고 예수께 구하라. 천국에 관한 수많은 책을 읽고 감동을 받으면서도 결국 그곳에 가지 못한다면 얼마나 비극인가!

CHAPTER 5

우리 손을 잡아 이끄시는 그리스도

내가 땅에서 들리면 모든 사람을 내게로 이끌겠노라 하시니

요한복음 12:32

우리가 지옥의 불을 벗어날 수 있다면, 누구 덕분이겠는가? 스펄전은 사람들에게 회개하고 그리스도께 돌아오라고 호소한다. 그러나 또한 하나님의 건져주심과 능력 있는 은혜가 아니면 죄인이 결코 구세주께 돌아올 수 없다는 것을 분명히 말한다.

Spurgeon

하나님의 종들은 하나님의 자비뿐 아니라 하나님의 진노도 증거해야 한다. 하나님이 정하신 법의 준엄함을 가르쳐야 한다. 사람이 죄를 지으면, 반드시 그 대가를 치를 것이라고 말해 주어야 한다. 만약 죄를 짓는 것을 보고도 "형벌을 내리시는 주님께서 오신다"고 말하는 것을 부끄러워하는 파수꾼에게는 저주가 있을 것이다겔 33:6-8.

사랑하시는 구주께서 불도 꺼지지 않고, 구더기도 죽지 않는 불구덩이를 말씀하시는가? 그렇다면 주님께서 말씀하신 그대로 가감 없이 우리도 말해야 한다. 다가올 재앙을 숨기고 잠깐의 안도감을 주는 것은 자비를 베푸는 것이 아니다.

그러나 형제자매들이여, 우리가 힘써 증거해야 할 내용이 순전히 공포에 관한 것이 되어서는 안된다. 예전의 많은 목사들은 그것이 잘하는 것이라고 생각해왔다. 하지만 나는 그렇게 생각하지 않는다. 그런 설교를 통해 깨어나고 정신을 차리는 사람도 있기는 하다. 그러나 많지 않다.

때때로 영원한 진노에 대해서 엄하게 설교해야 할 때가 있지만, 하나님의 놀라운 사랑에 대해서 더 많이 이야기해야 한다. 위협보다는 설득을 통해서 더 많은 영혼을 구할 수 있다. 우리가 전하기 원하는 것은 지옥이 아니라 그리스도다. 내 목회의 가장 큰 특징이 예수 그리스도를 전하는 것이기를 바란다. 지옥이나 형벌이 아니라 그리스도가 드러나셔야 한다.

죄인들이여, 우리는 여러분의 재앙에 대해 말하기를 주저하지 않는다. 그러나 영원히 그 비통한 주제만을 이야기하지는 않을 것이다. 오히려 그리스도에 대해서, 그분이 십자가에서 못

박히신 일에 대해서 이야기하기를 원한다. 우리 설교에 시내 산의 연기와 불과 공포보다는 그리스도께서 가져오신 공로와 은혜의 선물이 가득하길 원한다. 우리는 시내 산이 아니라 시온 산으로 가려 한다. 그곳에는 하나님의 뜻에 대한 부드러운 선포가 있고, 구원의 강물이 흘러넘친다.

목사들의 주된 설교 주제는 단지 교리가 아니라 예수 그리스도여야 한다. 어떤 목사들은 늘 교리를 가르친다. 그것도 좋은 일이지만, 나는 교리만을 설교하는 목사가 되고 싶지는 않다. 오히려 나에 대해서 이런 말을 듣고 싶다.

"그는 주로 그리스도에 대해서 이야기했고, 주님의 속죄와 희생에 대해서 이야기할 때 가장 신이 났다. 또한 교리를 부끄러워하지 않았고 위협을 두려워하지 않았다. 위협을 설교할 때는 눈물을 흘렸고 교리에 대해서는 하나님의 말씀으로써 엄하게 설교했다. 그러나 예수님을 설교할 때 그의 말은 가장 유창했고 그의 가슴은 가장 자유로웠다."

형제자매들이여, 교리만을 설교하는 이들은 하나님의 교회에 득이 되기보다는 오히려 손해가 된다. 어떤 사람들은 모든 영혼의 감독관이 되기로 자처했지만 그들과 함께 말씀도 사라질 것이다. 그들이 떠나가면 진리의 표준도 함께 사라진다.

라빙톤Lavington 주교(국왕 조지 1세의 사제였고, 1746년에 엑스터의 주교로 임명받았다)의 증언을 들어보라. "우리는 오랜 동안 도덕

설교를 통해 나라를 개혁하려고 노력해 왔다. 효과가 있었는가? 전무했다. 오히려 반대로, 사람들이 부정에 빠지도록 조장하고 말았다. 이제는 목소리를 바꾸어야 한다. 우리는 그리스도와 그분이 십자가에 못 박히신 일을 증거 해야 한다. 오직 복음만이 구원케 하시는 하나님의 능력이다."

"내가 땅에서 들리면 모든 사람을 내게로 이끌겠노라 하시니"요 12:32. 그때 비로소 예수 그리스도께서 자신의 모든 백성을 천국으로 이끄실 것이다. 그분은 천국에 계신다. 그리스도는 영혼을 천국으로 이끄시는 전차이다. 주님의 백성은 천국으로 향하고 있다. 그들은 영원한 팔에 안겨 있으며, 그 팔은 바로 그리스도의 팔이다.

그리스도께서 친히 그들을 자신의 집으로, 자신의 보좌로 이끄신다. "아버지여 내게 주신 자도 나 있는 곳에 나와 함께 있어 아버지께서 창세 전부터 나를 사랑하시므로 내게 주신 나의 영광을 그들로 보게 하시기를 원하옵나이다"요 17:24. 이 기도는 지금도 이루어지고 있다. 은혜의 언약이라는 전차에 자신의 백성을 싣고 힘세고 빠른 말처럼 그들을 이끄신다.

하나님을 찬송하라. 십자가는 모든 폭풍우를 물리치고 바라는 천국까지 우리를 인도할 언약의 배다.

갈보리에서 죽으신 그분의 죽음을 기억하라. 그분의 고통과 피땀을 기억하라. 여러분을 위해서 이 모든 일을 하셨다. 여러분은 그분을 배신하고 반역했지만, 그분은 이렇게 말씀하신다. "배역한 자식들아 돌아오라"렘 3:14,22. 그리스도께 이끌려 마침내 천국으로 이끌리기를 기도한다.

Alcorn

어릴 적에 나는 작은 카드에 쓰인 성경 구절을 외우곤 했다. 그중 하나는 이것이다. "내게 오는 자는 내가 결코 내쫓지 아니하리라"요 6:37. 그러나 그 구절의 앞부분은 카드에 없었다. 아마도 누군가의 신학에 맞지 않았던 듯싶다. 앞부분은 다음과 같다. "아버지께서 내게 주시는 자는 다 내게로 올 것이요."

예수님은 하나님이 영혼을 그에게로 부르신다고 명백히 말씀하신다. 이어서 이렇게 말씀하신다. "나를 보내신 아버지께서 이끌지 아니하시면 아무도 내게 올 수 없으니"44절. 그래도 깨닫지 못할까봐 또 말씀하신다. "내 아버지께서 오게 하여 주지 아니하시면 누구든지 내게 올 수 없다"65절.

선택의 교리를 사랑했던 스펄전은 끊임없이 죄인들에게 그리스도를 선택하며, 그분을 구주와 주로 받아들이고, 죄와 지옥으로부터 돌이켜 그리스도와 천국으로 돌아오라고 권면했다. 당대의 극단적 칼빈주의자들은 스펄전의 설교를 통한 복음 전도를 신랄하게 비판했다. 그러나 그는 성도와 죄인 모두에게 설교하는 성경적인 모델을 따라 권면을 계속했다. 그는 하나님이 우리에게 그런 능력을 부여하셨기 때문에, 사람이 그리스도께로 돌아가는 의미 있는 선택을 할 수 있다고 믿었다. 그는 죄인들이 바른 선택을 하도록 격려하는 것이 자신의 사명이라고 믿었다.

하나님의 주권과 인간의 자유 의지는 여전히 우리에게 신비로 남을지 모르지만, 한 말씀도 버리지 않고 모든 성경을 비교해 볼 때, 우리는 당연히 하나님께 사람들을 구원해 달라고 빌어야 하며, 사람들에게 구원의 필요성을 이야기해야 한다. 스펄전은 기꺼이 그렇게 했으며, 교리를 조화롭게 하는 것보다는 교리를 믿고 실천에 옮기는 데에 더 주력했다.

하나님은 그리스도가 없는 자는 영적으로 죽었다고 말씀하신다엡 2:1. 우리는 자신의 의지에 따라 다시 살아난 것이 아니다. 죽는 것과 다시 사는 것에 대해서는 나사로가 좋은 실례가 된다. 죽은 자보다 더 무기력한 자가 누구겠는가? 예수님이 "나사로야 나오라"고 부르셨을 때, 그 죽은 자는 예수님의 명령을 따를 능력이 전혀 없었다. 예수님이 먼저 그를 살려주셔야 했다요 11:43.

때때로 그리스도인들은 하나님께 스스로 반응할 수 있는 능력이 있다고 생각한다. 그러나 이것은 여러 성경 말씀과 맞지 않다. "아버지께서 죽은 자들을 일으켜 살리심 같이 아들도 자기가 원하는 자들을 살리느니라"요 5:21. 사람이 생명을 얻는 것이 아니라, 예수님이 그에게 생명을 주시는 것이다.

로마서 8장 7절은 죄인이 "하나님의 법에 굴복하지 아니할 뿐 아니라 할 수도 없(다)"고 말한다. 죄인된 상태에 있는 자들에게는 하나님을 따를 수 있는 타고난 능력이 없다. 성령님이 없는 사람은 영적인 것을 이해할 수 없다고전 2:14. 우리의 문제는 하나님의 말씀을 받아들이지 않으려는 태도와 우리의 의지를 하나님께 복종할 수 없는 무능력이다.

하나님의 놀라운 은혜는 우리가 회심하는 순간에 끝나는 것이 아니다. 거듭난 사람도 전적으로 하나님의 뜻을 의지해야만 바로 살 수 있다. 빌립보서 2장 12-13절은 인간 의지의 역할을 과소평가하거나 과대평가하는 것을 바로잡는다. "두렵고 떨림으로 너희 구원을 이루라 너희 안에서 행하시는 이는 하나님이시니 자기의 기쁘신 뜻을 위하여 너희에게 소원을 두고 행하게 하시나니." 우리는 소원을 두고 행해야 하며, 하나님도 소원을 두고 행하셔야 한다.

죄인들은 회개하기로 작정해야 한다. 그러나 하나님만이 구원에 이르는 회개를 가능케 하신다. 하나님은 우리가 복종하고 항복하기를 원하실 뿐 아니라, 바른 편에 서기를 원하신다. 하나님이 능력을 주시지 않으면 어떤 죄인도 그렇게 할 수 없다. 그러므로 하나님의 주권적인 은혜를 감사하라!

CHAPTER 6

하늘에 속한 예배

그 두루마리를 취하시매 네 생물과 이십사 장로들이 그 어린 양 앞에 엎드려
각각 거문고와 향이 가득한 금 대접을 가졌으니 이 향은 성도의 기도들이라
그들이 새 노래를 불러 이르되 두루마리를 가지시고
그 인봉을 떼기에 합당하시도다
일찍이 죽임을 당하사 각 족속과 방언과 백성과 나라 가운데에서
사람들을 피로 사서 하나님께 드리시고 그들로 우리 하나님 앞에서
나라와 제사장들을 삼으셨으니 그들이 땅에서 왕 노릇 하리로다 하더라

요한계시록 5:8-10

천국은 정말 재미있는 곳이다! 우리가 하나님과 그분의 영광을 보면 예배는 결코 따분할 수 없다. 하나님의 진정한 모습을 발견할수록 우리의 기쁨은 흘러넘칠 것이다.

Spurgeon

복되신 어린 양은 천국에서 하나님과 사람 사이의 중재자가 되신다. 하나님의 오른 손에는 영원한 목적이 기록된 책이 있다. 아무도 그것을 볼 수 없다. 어떤 피조물도 그 책의 일곱 봉인을 열 수 없다. 그러나 죽임을 당하신 영광스러운 어린 양이 보좌에 앉으신 분으로부터 이 책을 건네받으신다. 마치 번역가처럼 하나님의 뜻을 우리에게 해석해 주시며, 우리가 결코 알 수 없었던 그 글의 의미를 깨닫게 하신다.

오늘 말씀에서 예배자들을 주목하라. 그들에게는 생명이 가득하다. 네 생물은 하나님의 생명으로 살아난, 하나님 앞에 서 있는 교회를 상징하는 것 같다. 어찌됐든 그들은 생물이며, 장로들은 살아 있는 사람들이다. 천국에 있는 자는 생명이 충만하다. 천국에는 설교를 따분해하고 가슴이 차가워서 주위의 찬송에 무관심한 그런 죽은 예배자는 없다.

또한 그들은 모두 한 마음이다. 이십사 장로든, 네 생물이든 그들은 모두 함께 움직인다. 온전히 한 마음으로 엎드려 절하며 수금을 연주하고, 향이 가득한 금 대접을 들어올린다.

우리에게는 이런 진정한 일치가 있는가? 한 사람은 찬양하는데 다른 이는 구시렁거리지 않는가? 한 사람은 열심인데 다른 이는 무관심하지는 않은가? 오 하나님, 이곳의 회중도 우리 안에서 일하시는 성령님으로 인하여 하나 되게 하소서.

우리가 지금 이곳에서 한 마음이 되지 못하면, 천국에 있는 자들을 닮을 수 없다. 작은 다툼들이 일어나며, 교파적인 차이 때문에 함께 예배하지 못한다면, 그것은 정말 안타까운 일이다. 하나님은 불행하게 나뉜 자신의 교회를 하나로 고치신다.

천국의 예배자들은 생명이 충만하고 한 마음이기 때문에 거룩한 예배가 충만하다는 것을 주목하라. "그 두루마리를 취하시매 네 생물과 이십사 장로들이 그 어린 양 앞에 엎드려"계 5:8. 모두 공손하게 어린 양 앞에 엎드렸다. 14절을 보면, 그들의 노래가 끝나고, 천사들과 모든 만물의 찬송이 끝난 다음에 이런 말씀이 나온다. "네 생물이 이르되 아멘하고." 그것이 그들이 말할 수 있는 전부였다. 하나님과 어린 양의 임재에 완전히 압도된 것이다.

그것은 실로 장엄한 광경이다. 벅차오르는 감정으로 할 말을 잃고, 말로 도저히 표현할 수 없는 침묵 속에서 찬양을 드리게 되는 것이다. 그런 예배의 상태에 이른다는 것은 정말 영광스러운 일이다. 우리는 언제나 그럴 수는 없겠지만, 천국에 있는 그들은 늘 그러할 것이다. 그들은 모두 주님 앞에 엎드릴 준비가 되어 있다.

여러분은 우리가 아무런 준비 없이 예배의 자리에 나올 때가 많다고 생각하지 않는가? 예배가 진행되는 동안 다른 생각으로 가득차 있지는 않는가? 주의를 기울인다 할지라도, 우리의 예배는 너무나 부족하지 않은가?

천국에서도 기도할 것이 있다. 비록 우리는 천국에 있는 성도나 천사들의 중보를 구하지는 않지만, 천국의 성도들은 분명히 기도할 것이다. 그들은 이렇게 부르짖고 있다. "참되신 대주재여 땅에 거하는 자들을 심판하여 우리 피를 갚아 주지 아니하시기를 어느 때까지 하시려 하나이까"계 6:10. 또한 이렇게 기도하지 않겠는가? "나라가 임하시오며 뜻이 하늘에서 이루어진 것 같이 땅에서도 이루어지이다"마 6:10. 그들은 하나님의 뜻이 하늘에서 어떻게 이루어지는지를 속속들이 안다. 그러므로 그들은 우리보다 그 기도를 더 잘 이해할 것이다.

Alcorn

여러분은 기도나 예배 중에 또는 해변을 거닐다가 잠시나마 하나님의 임재를 느껴본 적이 있는가? 그것은 매혹적인 만남이지만, 대부분 삶의 분주함 때문에 금방 사라지곤 한다. 다른 것의 방해를 받지 않으면서 하나님의 얼굴을 바라보는 것은 과연 어떤 느낌일까? 모든 다른 것들이 우리의 주의를 하나님께로 환기시킨다면 어떨까?

오늘날 많은 그리스도인들이 지복직관至福直觀, beatific vision 즉, 하나님의 얼굴을 뵙는 것을 평가절하하거나 무시한다. 하나님 뵙는 것을 일시적인 흥미로 여기고 시간이 지나면 무미건조해지는 것으로 여긴다.

그러나 하나님을 아는 사람들은 하나님이 결코 지루한 분이 아니라는 것을 잘 안다. 하나님을 뵙는 것은 역동적인 일이며, 정적인 것이 아니다. 연인들은 둘만 있어도 결코 지루하지 않다. 하나님을 사랑하는 사람은 그분의 임재 안에서 결코 지루할 수 없다. 삼위일체 하나님은 영원히 서로의 관계 속에 존재하심을 기억하라. 하나님을 보는 것은 하나님과 함께하는 영원한 기쁨의 교제 속에 동참하는 것이다.

천국에서 우리는 하나님의 존재를 탐구할 것이며, 그것은 상상을 초월하는 즐거운 경험이 될 것이다. 요한계시록 2-5장에서 천국 성도들이 놀라는 모습을 보면서, 우리가 하나님의 위대하심을 영원히 알아갈 것임을 엿볼 수 있다. 그것이 천국의 전부가 아니겠지만, 그렇다 하더라도 그것만으로 충분할 것이다.

많은 사람들이 천국의 삶을 끊임없이 지루한 교회의 예배처럼 생각한다. 교회 다니는 것이 지루함과 동일어가 되어 버렸다. 그러나 우리가 진정으로 하나님을 만나고 있다면 예배는 이 땅에서 누리는 그 어떤 즐거움보다 더욱 신나는 일이 될 것이다. 음식을 맛있게 먹는 것, 사냥, 정원 가꾸기, 산악 등반, 슈퍼볼Super Bowl 관람 등과는 비교할 수 없는 기쁨을 줄 것이다.

교회 예배가 지루한 것이 사실이라 할지라도(실은 사실이 아니지만), 천국에는 교회 예배가 없을 것이다. 거기는 성전도 없고 우리가 아는 한 예배도 없다계 21:22. 천국에는 교회, 즉 그리스도의 사람들이 있을 것이다.

우리는 언제나 예배할 것인가? 그렇기도 하고 아니기도 하다. 예배를 좁은 의미에서 본다면 그렇지 않을 것이다. 그러나 예배를 보다 폭넓게 이해한다면, 우리는 늘 예배할 것이다. 신학자 코넬리스 베네마Cornelis Venema는 천국의 예배는 모든 것을 아우르는 것이 될 것이라고 설명한다.

결혼, 가족, 사업, 놀이, 우정, 교육, 정치 등 삶의 모든 영역에서 벌어지는 정당한 행동들은 그리스도가 다스리는 나라에서도 사라지지 않을 것이다. 그리스도와 함께 영원히 다스리는 사람은 더욱더 다양하고 풍성하게 하나님을 예배하게 된다. 하나님 백성의 예배하는 삶에는 새로운 피조물에 걸맞는 모든 합당한 활동이 포함되기 때문이다.

우리는 언제나 그리스도의 발아래 엎드린 채 그분을 예배할 것인가? 그렇지는 않다. 성경은 우리가 다른 많은 일들을 할 것이라고 말한다. 처소에서 살며, 먹고 마시고, 그리스도와 함께 다스리며, 그분을 위해 일할 것이다. 성경은 사람이 서 있거나, 걷고, 도시 안팎으로 여행하며, 잔치에 모인다고 말한다. 이런 일을 하는 동안, 우리는 그리스도 앞에 엎드려 있지는 않을 것이다. 그러나 우리가 하는 모든 일이 곧 예배가 될 것이다. 하나님을 예배하는 많은 군중들과 함께 모일 때면, 이 예배는 엄청난 찬양으로 변할 것이다.

하나님은 예배하는 자를 찾으신다요 4:23. 그러나 하나님은 강제적인 아부를 원하시지는 않는다. 우리가 하나님의 참 모습을 본다면, 아무도 그분을 찬양하라고 빌거나 위협할 필요가 없을 것이다. 우리가 무엇을 하든지 간에 우리에게는 감사와 찬송이 흘러넘칠 것이며, 그런 의미에서 하나님을 끊임없이 예배하게 될 것이다. 이 좋은 예배를 여기에서 미리 시작해야 하지 않을까?

우리는 하나님을 예배하도록 창조되었다. 그것보다 더 큰 기쁨은 없다. 때때로 우리는 찬송과 예배에 완전히 몰입하게 될 것이다. 또 때로는 가구를 만들거나 그림을 그리면서, 또는 음식을 만들고 먹고 마시며 오랜 친구와 담소를 나누고, 산책하며 공놀이를 하면서 하나님을 예배할 것이다.

"그런즉 너희가 먹든지 마시든지 무엇을 하든지 다 하나님의 영광을 위하여 하라" 고전 10:31. 지금 우리가 먹고 마시는 모든 일을 하나님의 영광을 위해 한다면, 천국에서도 그 모든 일을 하나님의 영광을 위하여 하지 않을까?

CHAPTER 7

완전한 기쁨

기록된 바 하나님이 자기를 사랑하는 자들을 위하여 예비하신 모든 것은
눈으로 보지 못하고 귀로 듣지 못하고
사람의 마음으로 생각하지도 못했다 함과 같으니라
오직 하나님이 성령으로 이것을 우리에게 보이셨으니
성령은 모든 것 곧 하나님의 깊은 것까지도 통달하시느니라
사람의 일을 사람의 속에 있는 영 외에 누가 알리요
이와 같이 하나님의 일도 하나님의 영 외에는 아무도 알지 못하느니라
우리가 세상의 영을 받지 아니하고 오직 하나님으로부터 온 영을 받았으니
이는 우리로 하여금 하나님께서 우리에게 은혜로 주신 것들을
알게 하려 하심이라

고린도전서 2:9-12

우리는 아직 하나님을 분명하게 보지 못하기 때문에 모든 일을 분명하게 보지 못한다. 그러나 언젠가는 그분의 진정한 모습을 보게 될 것이고, 그때는 우리의 기쁨이 완전하게 될 것이다.

Spurgeon

모든 피조물은 현재의 상태로도 충분히 아름답다. 알프스를 오르거나 아름다운 계곡을 지날 때, 푸른 바다를 항해하거나 푸른 숲속을 지나갈 때, 우리는 이 세상이 비록 죄로 오염되기는 했지만 하나님의 성전으로 지음 받았다는 것을 분명히 느낄 수 있다.

대자연의 광휘와 영광은 이렇게 선포한다. "땅과 거기에 충만한…것은 다 여호와의 것이로다"시 24:1. 이렇게 하여 손상된 이 땅을 지으신 분과 그분의 특별한 목적이 얼마나 장엄한지를 나타낸다. 타락한 현재의 상태에서조차 만물은 너무나 아름답게 빛난다. 그러나 현재의 모습은 창조주께서 처음 지으신 모습과는 확연히 다르다. 이 세상은 온통 뱀의 점액으로 뒤덮여 있다. 하나님이 창조 후에 "매우 좋았더라"고 말씀하신 그 모습은 분명히 아니다. 우리는 수천 명의 목숨을 앗아가는 토네이도와 지진, 폭풍과 화산 폭발, 눈사태와 폭풍우에 관한 이야기를 듣는다. 바다에는 슬픔이 있고 땅에는 비참함이 있으며, 가장 가난한 오두막뿐 아니라 고귀한 왕궁에 이르기까지 죽음은 결코 만족을 모른 채 화살을 쏘아댄다. 찔레와 가시가 땅에서뿐 아니라 사방에서 몰려나온다. 마치 가인의 표창 4:15와 같이 이 땅의 이마에는 죄의 낙인이 찍혀 있다.

지금 이 순간, 사람들은 모든 만물의 신음과 고뇌를 깊이 느끼고 있다. 나라와 민족들은 비탄에 빠져 있으며 도시의 거리에서 그 소리를 쉽게 들을 수 있다. 만물이 신음할 뿐 아니라 하나님의 백성들도 탄식한다롬 8:22-23. 우리도 한 때는 이런 운명에 따라 세상과 마찬가지로 저주 아래 있었다. "다른 이들과 같이 본질상 진노의 자녀였더니"엡 2:3. 그러나 하나님의 은혜가 아무런 차이가 없던 곳에 차이를 만들어 냈다. 우리는 더 이상 정죄 받은 범죄자가 아니라 하나님의 자녀이자 상속자가 되었다. 우리는 하나님의 생명을 받았고 "정욕을 인하여 세상에서 썩어질 것을 피하여 신의 성품에 참예하는 자"벧후 1:4가 되었다. 하나님의 영이 우리에게 오셔서 우리의 몸은 성령의 전이 되었다고전 6:19. 하나님은 이제 우리 안에 거하시고, 우리는 그리스도와 하나가 되었다. 하나님의 영이 여러분의 영혼에 있으면, 여러분은 기뻐해도 좋다. "하나님이 자기를 사랑하는 자들을 위하여 예비하신" 충만한 행복과 완전에 대한 약속과 증거가 너무도 많고 확실하기 때문이다. 예수님을 믿기 때문에 우리는 확신을 가지고 말할 수 있다. 우리에게는 말로 다 할 수 없는 하나님 아버지의 은혜가 있다. 많은 것들이 장래에 주어질 것이기는 하지만, 지금 이 순간에도 우리에게는 아버지의 유산이 있다.

형제자매들이여, 우리에게는 회개 곧 물로 씻음[세례]이라는 보석이 있다. 또한 우리에게는 값을 매길 수 없는 귀중한 믿음이 있다. 우리에게는 보석처럼 빛나는 가장 확실하고 견고한 소망이 있다. 그리고 모든 것을 달콤하게 만드는 사랑이 있다. 우리를 언제나 영광으로 인도하는 성령님의 일하심이 우리의 영혼 속에 있다. 하나님의 성령이 능력 있게 역사하심으로 말미암아 우리는 이미 그리스도 예수 안에서 새로운 피조물이 되었다고후 5:17.

하나님이 성령의 역사하심을 통해 우리에게 "믿음, 소망, 사랑…이 세 가지"고전 13:13를 주시는 것이 바로 영광으로 이끄시는 하나님의 약속이다.

Alcorn

스펄전보다 1세기 전에 살았으며, 스펄전의 신학에 영향을 미친 조나단 에드워즈는 한 설교에서 우리가 천국에서 누릴 기쁨에 대해 이렇게 말한다. "하나님 자신이 지고의 선이며, 구속을 통해 성도들은 그 선을 누리며 즐기게 된다. 그분이 최고의 선이며, 그리스도께서 값을 치르고 사신 모든 선의 총체이다. …… 구속 받은 성도들은 다른 것도 즐길 것이다. …… 하지만 그들이 천사들이나 서로를 통해, 또는 다른 무엇을 통해서 즐거워하고, 기쁨과 행복을 느낄 수 있는 것은 그 모든 것 속에 드러난 하나님을 보기 때문이다."

시편 저자 아삽Asaph은 이렇게 말한다. "하늘에서는 주 외에 누가 내게 있으리요 땅에서는 주밖에 나의 사모할 자 없나이다"시 73:25. 이런 말은 과장처럼 보인다. 우리는 사실 많은 것을 원하지 않는가? 그러나 우리가 그것들을 원할 때, 진정으로 원하는 것은 하나님이다. 그래서 어거스틴Augustine은 하나님을 가리켜 "우리 욕망의 궁극the end of our desires"이라고 표현했다. 그는 이렇게 기도했다. "당신은 우리를 당신 자신을 위해서 만드셨습니다. 오 주님, 당신 안에서 우리의 마음이 쉼을 얻기 전까지 우리 마음은 평안을 찾지 못합니다."

천국에서 비로소 우리는 자기 의義와 자기기만으로부터 해방된다. 더 이상 하나님의 선하심을 의심하지 않으며, 하나님의 선을 눈으로 보고 맛보며 즐기고, 우리의 동료들에게 선포하게 될 것이다. 구세주의 손에 난 상처를 한 번 보는 것으로 모든 것이 끝난다.

조나단 에드워즈는 1733년의 한 설교에서 이렇게 말했다. "하나님은 인간의 최고선이시다. 그분을 즐거워하는 것이야말로 우리 영혼이 만족할 수 있는 유일한 행복이다. 하나님을 충만히 즐거워하기 위해 천국에 가는 것이 이 땅에서 잘 사는 것보다 무한히 낫다. 아버지, 어머니, 남편, 아내, 자식, 친구…… 이런 것은 모두 그림자일 뿐이다. 하나님을 즐거워하는 것이 실체다. 그것이 간간이 새어나오는 빛이라면, 하나님은 태양이시다. 그것이 작은 지류라면, 하나님은 원천이시다. 그것은 작은 물방울일 뿐이며, 하나님은 바다이시다."

천국에서는 구속 받은 사람과 하나님 사이의 장벽이 모두 사라질 것이다. 우리는 하나님을 보게 될 뿐 아니라, 하나님을 통해 사람, 우리 자신, 삶의 모든 사건 등 전부를 분명하게 보게 될 것이다. 영원한 삶의 본질은 과연 무엇일까? "영생은 곧 유일하신 참 하나님과 그의 보내신 자 예수 그리스도를 아는 것이니이다"요 17:3. 천국에서 우리가 누릴 주된 기쁨은 하나님을 보는 것과 아는 것이다. 다른 모든 기쁨은 거기에서 파생되는 것이며, 하나님과 우리 사이의 관계로부터 흘러나오는 것이다.

CHAPTER 8

아, 부활의 몸!

전에 악한 행실로 멀리 떠나 마음으로 원수가 되었던 너희를
이제는 그의 육체의 죽음으로 말미암아 화목하게 하사
너희를 거룩하고 흠 없고 책망할 것이 없는 자로 그 앞에 세우고자 하셨으니
만일 너희가 믿음에 거하고 터 위에 굳게 서서
너희 들은바 복음의 소망에서 흔들리지 아니하면 그리하리라
이 복음은 천하 만민에게 전파된 바요 나 바울은 이 복음의 일꾼이 되었노라

골로새서 1:21-23

불완전한 몸을 가지고 있기 때문에 겪게 되는 무력감, 우울증, 질병 등으로 고통을 당해 본 사람들에게 이 메시지는 부활의 몸에 대한 소망을 불러일으킨다.

Spurgeon

사람이 그리스도를 믿게 되면, 그는 더 이상 율법의 저주 아래 거하지 않는다. 죄는 더 이상 그의 영에 대해 왕 노릇하지 못하며, 율법은 이제 그를 정죄하지 못한다. 그의 영혼은 죽음으로부터 생명으로 옮겨졌다. 불의不義의 도구였던 우리 몸의 지체가 하나님께 영광을 돌리는 의의 도구로 거룩히 구별되기 시작한다. 사탄의 작업소였던 몸이 성령님이 거하시는 성전으로 바뀐다. 하지만 몸, 즉 연약한 살과 피는 여전히 예전 그대로가 아닌가?

물론 하나님의 은혜가 우리 몸에 별다른 변화를 가져오지 않는 부분도 있는 것 같다. 우리 몸은 여전히 질병에 걸리고, 죄인뿐 아니라 성도들도 극심한 고통을 느끼며, 하나님 가까이 사는 사람들이 하나님과 상관없이 살아가는 사람들보다 더 건강한 것도 아니다. 비록 하나님의 은혜 가운데 그가 "백향목 같이…진액이 풍족하고 빛이 청청"시 92:12, 14 할지라도, 그런 위대한 경건의 삶도 노화를 피해갈 수는 없으며, 결국에는 백발이 되고 만다. 강건하던 사람도 비틀거린다. 우리 몸은 바울의 말처럼 여전히 악에게 매여 있다. 여전히 썩으며 욕되고, 약한 육의 몸인 것이다고전 15:42-44.

이것은 사소한 문제가 아니다. 왜냐하면 몸으로 인해 우리 영혼이 침울해지기도 하기 때문이다. 영적으로 믿음과 기쁨이 충만한 사람도 육체의 질병 앞에서는 흔들리기 쉽다. 영혼이 독수리라면, 때때로 몸은 그것이 솟아오르지 못하게 하는 쇠사슬과 같다.

뿐만 아니라 몸의 정욕으로 인해 죄악된 것에 자연적으로 이끌린다. 하나님이 만드신 사람에게 있는 자연적인 욕망이 그 자체로 죄스러운 것은 아니다. 하지만 우리의 본성이 타락함으로써 욕망이 우리를 점점 죄로 몰아가고, 우리 안의 부패함 때문에 몸의 자연적인 욕망은 유혹의 큰 원천이 되었다.

우리의 몸은 그리스도의 귀중한 피로 값을 치르고 구속救贖 받았다. 하지만 아직 속박의 영역에 매여 있으며, 하나님의 자녀에게 주어지는 영광스러운 자유에는 이르지 못했다. 이것이 우리가 신음하며 탄식하는 이유다. 영혼과 몸은 결합되어 있기 때문에 비록 영혼은 정죄로부터 구원을 받았다 할지라도, 가련한 몸이 여전히 멍에를 지고 있다는 사실 때문에 탄식할 수밖에 없는 것이다.

우리의 몸이 완전한 자유를 누리게 될 날이 과연 올 것인가? 사랑하는 여러분, 의심하지 말라. 이것이야말로 그리스도인의 가장 빛나는 소망이다. 지금 천국에 있는 성도들은 죄로부터 완전히 자유롭고, 완벽하게 행복하다.

그러나 몸을 벗은 영혼은 다시 새로운 몸을 입기 전까지는 완전하지 않다. 하나님은 사람을 영으로만 만들지 않으셨고, 영과 육으로 만드셨기 때문이다. 하나님이 원래 지으신 것과 똑같은 거룩하고 영광스러운 상태로 부활한 몸을 다시 입기 전까지 우리 영혼은 결코 만족할 수 없다.

사도 바울은 이렇게 말한다. "우리가 아니면 저희〔믿음 가운데 죽은 사람들〕로 온전함을 이루지 못하게 하려 함이라"히 11:40. 즉 우리의 몸이 부활하기 전까지 천국에 있는 그들의 몸도 부활할 수 없으며, 우리가 양자가 되기 전까지 그들도 양자가 될 수 없는 것이다.

어떤 사람들은 천국에 믿음도, 소망도 없다고 말한다. 그들은 아무 것도 모르는 사람들이다. 천국에서 믿음과 소망은 가장 화려하고 힘차게 피어난다. 영광스럽게 된 성도들은 그 어느 때보다 하나님의 약속을 굳게 믿으며 몸의 부활을 간절히 소망한다. 마지막 나팔이 울려 퍼지고, 죽은 자들이 썩지 않을 몸으로 부활하며, 우리 모두가 변화될 그 행복한 날이 어서 오기를 고대하는 것이다.

우리는 우리의 영과 혼과 몸 전부가 타락의 흔적으로부터 해방되기를 탄식하고 있다. 썩음과 약함과 욕됨을 벗어버리고 썩지 않고 죽지 않으며 영광스럽고 신령한 몸을 입기를 간절히 바라는 것이다. 주 예수 그리스도께서 자신의 모든 백성에게 이러한 몸을 주실 것이다.

사랑하는 이들이여, 이것은 사실이다. 흙으로 돌아간 몸은 다시 부활하게 될 것이다. 구더기가 먹어 버린 살가죽은 더욱 귀하게 바뀔 것이며, 비록 구더기가 우리의 몸을 삼켜 버릴지언정 우리는 육체 가운데서 in our flesh 우리의 하나님을 볼 것이다욥 19:26.

그날에 우리의 눈으로 그분을 뵈오리라

나를 위해 죽으신 그 하나님을
나의 모든 되살아난 뼈들이 외치리라
"주여, 당신과 같은 분이 어디 있나이까?"

Alcorn

스펄전은 질병과 육체가 주는 고통에 대해서 누구보다 잘 알았다. 그는 체험을 통해 이러한 사실을 알았는데, 자신이 통풍, 관절염, 간질환을 앓았을 뿐 아니라 만성 우울증으로 고통 받았기 때문이다. 이 설교를 하기 3년 전에 그의 아내 수잔나는 서른세 살의 나이로 몸져누웠다. 그 후로 그녀는 남편의 설교를 거의 들을 수 없었다.

그는 이렇게 기술한다. "주님이 나의 목회에 더 큰 은혜를 주시려고 하실 때마다 우울증이 나를 찾아온다. 비가 쏟아지기 전에 구름이 더욱 짙어지며, 자비의 단비가 내리기 전에 먹구름이 더욱 짙게 드리우는 법이다. 이제 우울증은 내게 마치 세례요한처럼 거친 옷을 입은 선지자와 같다. 우리 주님이 주시는 더욱 큰 축복이 가까워졌음을 알려주는 것이다."

우리가 지금 알고 있는 몸은 하나님이 원래 사람을 위해 만들어 주신 몸과는 달리 약하고 병든 몸이다. 그러나 부활 후, 새 땅에서 우리가 갖게 될 몸은 아담과 하와가 처음에 가졌던 몸보다 더욱 영광스러운 몸이 될 것이다.

우리 몸은 비록 점점 쇠약해져 가지만, 그 안에는 부활의 몸에 대한 청사진이 들어 있다. 지금 우리 몸에 대해서 만족하지 않을 수도 있다. 그러나 부활 후의 몸은 정말 멋진 몸이 될 것이다. 부활의 몸으로 우리는 하나님을 더욱 잘 섬기며 영광을 돌리게 될 것이다. 또한 하나님이 준비해 두신 영원한 경이를 즐기게 될 것이다.

1900년대의 미국의 복음주의자요 부흥설교자였던 R. A. 토레이는 이렇게 기술했다. "앞으로 다가 올 세상에서 우리는 몸 없이 영으로만 살지는 않을 것이다. 구속 받은redeemed 세계에서, 구속 받은 몸을 입고, 구속 받은 영혼으로 살 것이다." 만약 우리가 제대로 몸의 부활을 얻지 못한다면 영원한 미래에서 그 어느 것도 제대로 얻을 수 없을 것이다.

신학자 안토니 후크마는 다음과 같이 명쾌하게 설명한다. "부활의 몸은 단지 공간에서 떠돌거나 구름 사이를 날아다니기 위한 것이 아니다. 그것은 살고 일하며, 하나님을 영화롭게 할 새 땅을 필요로 한다. 부활의 몸에 대한 교리는 사실 새 땅에 대한 교리를 떠나서는 아무런 의미가 없다."

웨스트민스터 대요리 문답서는 이렇게 기술한다. "무덤에 놓인 죽은 사람의 몸이 그리스도의 능력으로 다시 부활하여, 영원히 영혼과 결합하게 될 것이다." 웨스트민스터 고백서는 이렇게 말한다. "죽은 사람들이 모두 다 '원래 자신의 몸'으로 부활하게 될 것이다." '원래 자신의 몸'이라는 구절은 부활을 통한 연속성의 교리를 확증한다.

예수님의 빈 무덤은 그리스도의 부활하신 몸이 십자가에서 죽으신 바로 그 몸이라는 것에 대한 궁극적인 증거다. 부활이라는 것이 새로운 몸을 만들어 내는 것이라면, 그리스도의 원래 몸은 무덤에 머물러 있어야 했다. 예수님은 부활하신 후에 제자들에게 이렇게 말씀하셨다. "나인줄 알라"눅 24:39. 자신이 십자가에 못 박힌 바로 그 사람(몸과 영혼)이라는 것을 강조하신 것이다. 제자들은 예수님의 못 박힌 자국을 보았고, 그것은 바로 같은 몸이라는 것에 대한 틀림없는 증거였다.

우리의 몸은 단지 우리가 거하는 집이 아니다. 우리의 영과 마찬가지로 우리를 구성하는 중요한 일부이다. 하나님이 우리를 위해 희생하도록 예수님을 이 세상으로 보내셨을 때, 그것은 우리의 영뿐 아니라 우리의 몸도 위해서였다. 예수님은 생기(우리의 영혼)를 구속하셨을 뿐 아니라, 흙(우리의 몸)도 구속하셨다. 우리가 죽을 때 진정한 우리는 현재의 천국으로 가고, 가짜인 우리는 무덤으로 가는 것이 아니다. 오히려 우리의 일부분은 무덤으로 가서 몸의 부활을 기다리고, 다른 일부분은 현재의 천국으로 간다.

거기에서 우리의 몸과 영이 부활을 통해 다시 하나로 결합하기 전까지는, 하나님이 원래 계획하신 우리의 모습이 결코 완성될 수 없다. 우리는 그리스도가 이 땅에 다시 오시는 것과 우리 몸의 부활과 마지막 심판, 그리고 새 하늘과 새 땅의 창조를 기다린다. 우리가 이 진리를 이해하지 못하면, 성경이 가르치는 천국에 대한 교리를 이해할 수 없을 것이다.

We Shall See God

CHAPTER 9

이 풍성한 약속을 내 것으로 누려라

내가 무슨 말을 더 하리요
기드온, 바락, 삼손, 입다, 다윗 및 사무엘과 선지자들의 일을 말하려면
내게 시간이 부족하리로다
그들은 믿음으로 나라들을 이기기도 하며 의를 행하기도 하며
약속을 받기도 하며 사자들의 입을 막기도 하며 불의 세력을 멸하기도 하며
칼날을 피하기도 하며 연약한 가운데서 강하게 되기도 하며
전쟁에 용감하게 되어 이방 사람들의 진을 물리치기도 하며

히브리서 11:32-34

하나님은 각자의 마음에 하나님과 천국, 그리고 부활의 땅에서 누리게 될 부활의 삶을 향한 갈망을 심어 주셨다. 이제 우리의 가장 절실한 바람은 우리의 존재 목적이 되시는 분과 함께 우리의 진정한 고향에서 완전하고 의로운 사람으로 사는 것이다.

Spurgeon
___

하나님의 약속은 믿는 자에게 마르지 않는 광산의 부요함과 같다. 그 비밀스런 광맥을 찾아서 감추어진 보화를 캐내는 사람은 행복한 사람이다. 그것은 또한 모든 공격과 방어의 무기를 갖춘 병기고이다. 그 성스러운 무기고에 들어가 갑옷과 투구를 쓰고, 창과 검을 드는 자는 복된 사람이다.

하나님의 약속은 그리스도인에게 자유의 대헌장이며 천국 영지에 대한 부동산 권리증서다. 그 말씀을 잘 읽고 자기 것으로 소화하는 사람은 행복한 사람이다.

그렇다. 그것은 그리스도인의 왕관과 보물들이 보관된 보석실이다. 지금은 왕의 표장標章을 은밀하게 소유하고 있지만, 천국에서는 모든 사람이 볼 수 있도록 입게 될 것이다. 그리스도인은 이미 왕이며 각자는 보물 창고를 열 수 있는 열쇠를 가지고 있다. 그는 지금이라도 홀笏을 쥐고, 왕관을 쓰며 왕의 망토를 어깨에 두를 수 있다.

신실하시고 언약을 지키시는 하나님의 약속은 얼마나 풍성한가. 믿음으로 약속을 받는 천국의 기술을 배우는 것은 얼마나 더 필수불가결한 일이겠는가히 11:33. 우리는 주님이 다시 오신다는 약속을 바라보며, 또한 "그의 약속대로 의가 있는 곳인 새 하늘과 새 땅을 바라[본다]"벧후 3:13. 예전에 살아 있던 거룩한 이들과 지금 살아 있는 선한 이들 모두 믿음으로 약속을 받는다.

형제자매들이여, 약속을 받기 원한다면 여러분의 믿음에 행동이 뒤따라야 한다. 하나님을 위해 희생하고, 하나님이 명령하시는 말씀에 순종하기 위해 인간의 이성을 부정할 때, 비로소 이전에 믿음의 손으로 붙들 수 있었던 것보다 더 높은 약속을 붙들 수 있다.

하나님의 명령에 복종하기 위해 아브라함은 아들 이삭을 제물로 바칠 준비를 한다. 이삭은 그의 외아들이며, 그의 후손이 이어질 터였다. 그는 하나님이 돌들로부터 자손을 일으키시든지, 아니면 이삭을 죽은 자 가운데서 다시 살리실 것을 믿었다.

마틴 루터는 성경의 말씀들이 과일을 맺는 나무와 같지만, 그 열매는 쉽게 떨어지지 않는다고 말했다. 여러분은 그 나무를 단단히 붙들고 계속해서 흔들어야만 한다. 어떤 때는 여러분의 힘을 다 소진할 수도 있다. 그러나 마침내 잘 익은 과일이 떨어지게 될 것이다. 여러분은 하나님의 약속에 대해서 그렇게 해야 한다. 묵상을 통해 당신의 나무를 앞뒤로 흔들라. 그러면 금 사과가 떨어질 것이다.

영혼이여, 여기에 약속이 있다. 바로 여러분 앞에 있다. 어떻게 감히 의심할 수 있는가? 그런 오만함의 근거는 도대체 무엇인가? 이것은 하나님이 지키지도 못하거나, 혹은 지키지 않을 약속을 하셨다고 말하는 것과도 같다.

성도들이여, 여러분의 숭고한 조상들을 돌이켜보라. 순교자와 성인과 선지자와 사도들은 주 하나님의 약속이 그 어느 하나라도 지켜지지 않은 것이 없다고 증언한다. 차꼬에서도, 어두운 지하 감옥에서도, 말뚝에 묶여서도 하나님을 신뢰했다. 로마의 원형경기장에서도, 그들의 뼈가 사자의 이빨에 으스러지는 순간에도 하나님의 약속은 신실했다. 네로Nero는 그리스도인을 기름에 담근 후, 막대기에 묶어서 불을 붙여 밤에 자신의 정원을 밝혔다. 그들은 네로의 정원에서도 하나님을 신뢰했고, 그들의 몸에 바른 기름이 불타오를 때 그것은 하나님께 제사가 되었다. 곰팡이 가득한 지하 감옥에서 썩어 가며, 열병에 시달릴 때에도 하나님은 신실했다. 양가죽과 염소 가죽을 쓰고, 헐벗고, 고통 속에 신음하며 광야를 헤맬 때에도 그들은 하나님을 신뢰했다. 그들은 삶의 쓰라림과 죽음의 고뇌 속에서도 하나님을 경험했으며 모두 이렇게 증언한다. "주님을 신뢰하라. 그분을 믿으라. 모든 것을 지나가게 하실 것이며, 여러분은 약속을 받을 것이다. 망설이지도 말고 머뭇거리지도 말며 흔들리지도 말라. 변함없는 아브라함의 믿음으로 고백하라. '약속하신 그것을 또한 능히 이루실 줄을 확신하였으니'롬 4:21. 여러분의 눈으로 목격할 것이며 여러분의 입으로 먹게 될 것이다. 주님이 여러분과 함께 하실 것이며 이 세상에서도 복을 받고, 다가올 세상에서는 영생을 얻게 될 것이다."

하나님이 그렇게 해주시기를 주님의 이름으로 기도한다.

Alcorn

부활의 땅에서 부활하신 그리스도와 함께, 부활의 몸을 입고 부활의 삶을 사는 것. 하나님은 예수 그리스도를 따르는 자들에게 이것을 약속하셨다. 우리 안에 소원을 두신 하나님이 자신의 뜻대로 이를 이루시기로 작정하셨고 하나님은 그 소원을 약속을 통해 이루어가신다.

"그런즉 누구든지 그리스도 안에 있으면 새로운 피조물이라 이전 것은 지나갔으니 보라 새 것이 되었도다"고후 5:17. 이것이 약속이다! 누군가 만약 이 약속을 의심한다면, 스펄전의 질문을 곰곰이 생각해 보아야 한다. "어떻게 감히 의심할 수 있는가? 그런 오만함의 근거는 도대체 무엇인가?"

죽은 자의 부활이 없으면 기독교의 소망은 환상일 뿐이며 그리스도를 믿는 것은 참으로 가련한 일이 된다고전 15:17-19. 사람의 몸을 위한 천국이 없다면, 결국 사람의 영혼을 위한 천국도 없는 것이다.

사람들에게 "영원을 사모하는 마음"을 주신 분이 바로 하나님이시다전 3:11. 부활의 삶을 향한 우리의 간절한 열망은 오히려 하나님이 직접 우리의 마음에 심어 주신 것이며, 하나님은 우리를 새 땅에서 새로운 생명으로 부활시키고자 하신다. 우리는 죄와 저주로부터 완전히 해방된 삶을 살게 될 것이다. 몸의 부활이 있어야만 이 땅에서의 삶을 다시 살 수 있다.

CHAPTER 10

예수님의 얼굴 보기

그의 얼굴을 볼 터이요
그의 이름도 그들의 이마에 있으리라
요한계시록 22:4

우리가 천국에서 보게 될 가장 놀라운 장면은 금으로 된 길이나 진주로 만들어진 문 또는 우리보다 먼저 죽은 사랑하는 사람들이 아니다. 그것은 우리 주님을 얼굴과 얼굴을 맞대고 뵙는 것이다.

Spurgeon

본문은 그들이 "그의 얼굴을 볼 터이요"라고 말한다. 이것은 두 가지를 뜻한다. 첫째, 그들은 문자 그대로 신체적으로, 부활한 몸으로 예수님의 얼굴을 보게 될 것이다. 둘째, 영적으로 그들의 정신적인 능력이 확대되어서 그리스도의 마음과 영혼과 성품을 볼 수 있게 될 것이며, 예전에는 이해하지 못했던 그분

PART 2. 하나님의 얼굴을 보라 165

의 일과 사랑과 그분의 전부를 이해하게 될 것이다.

그들은 문자적으로 그분의 얼굴을 보게 될 것이다. 왜냐하면 그리스도는 육체 없는 영혼이 아니기 때문이다. 천국에서 그분은 하나님이면서 여전히 우리와 같은 몸을 입으신 사람이다. 갈보리에서 고통 당하셨던 바로 그 살과 피를 천국에서도 그대로 가지고 계신다. 못이 박혔던 그 손으로 지금은 온 세상을 다스리시는 홀笏을 쥐고 계신다. 고통으로 숙여졌던 그 머리에는 왕관이 씌워져 있다. 상하셨던 그 얼굴은 이제 천국의 보좌 가운데서 해보다 밝게 빛난다. 바로 그 얼굴을 우리가 뵙게 될 것이다. 얼마나 놀라운 장관일까!

주님이 우리를 아시는 것처럼 우리도 보고 알게 될 것이다. 우리가 알게 될 모든 위대한 것들 중에 가장 위대한 것은 바로 그리스도를 온전히 알게 되는 것이다. 지식에 넘치는 그리스도께서 보이시는 사랑의 높이와 깊이와 길이와 너비를 알게 될 것이다엡 3:18-19.

성도들은 하나님의 축복 속에 예수님을 보게 될 것이며, 그분을 똑똑하게 볼 것이다. 또한 그들은 예수님을 언제나 볼 것이다. 즉, 그들에게는 주님을 보지 못하는 때가 한 순간도 없을 것이다. 그들은 우리와 같지 않을 것이다. 우리는 때로는 하나님의 보좌로 나아가지만 때로는 멀리 떠나기도 한다. 때로는 사랑으로 뜨겁게 달아올랐다가 흙덩이처럼 차갑게 식어 버리기도 한다. 그러나 그들은 언제나 영원토록 주님에게 가깝게 붙어 있을 것이다. 왜냐하면 그들은 "그의 얼굴을 볼 터"이기 때문이다.

모든 근심의 구름이 사라질 것이기 때문에 그들은 주님의 얼굴을 더욱 또렷하게 보게 될 것이다. 이 땅에 살고 있는 여러분은 오늘도 높은 곳에 마음을 두고 천국을 생각하려고 했지만 실패했다. 이번 주에 사업이 잘 안된 분들도 있을 것이다. 아이들이 유난히 속을 썩인 분들도 있다. 병이 위중한 분들도 있다. 기도를 하려고 해도 도무지 몸이 말을 듣지 않는 분들도 있다. 이 모든 적들이 여러분의 평안을 방해한다.

그러나 천국에서는 하나님의 백성들에게 이런 방해가 전혀 없다. 그러므로 그들은 주님의 얼굴을 볼 수 있는 것이다. 그들에게는 마르다의 염려도 없으며, 마리아처럼 주님의 발 앞을 지키고 있다눅 10:38-42. 우리를 끊임없이 바쁘게 만드는 직장 일과 장사하는 것, 결혼과 장례 등으로부터 벗어나서 주님과 영원히 함께 있게 될 때, 우리는 죄와 슬픔의 세상으로부터 벗어나 영원히 하나님과 함께 있게 될 것이다.

이뿐만 아니라, 영광스럽게 변한 성도들은 그들과 하나님 사이를 가로막는 우상들이 다 없어졌기 때문에 하나님의 얼굴을 더욱 분명하게 보게 될 것이다. 우상을 섬기듯 세상 것들을 사랑하는 우리의 죄 때문에 우리는 영적인 것들을 잘 알지 못한다. 세상 연못으로부터 인생의 잔을 채우는 사람에게는 천국의 수정 같은 강물을 채울 공간이 없다. 하지만 천국에는 우상이 없기 때문에 그들의 마음을 차지할 다른 것은 아무 것도 없으며 주 예수님을 대적하는 것도 없다. 주님이 그들의 영혼을 완전히 다스리시기 때문에 그들은 주님의 얼굴을 볼 수 있는 것이다.

우리의 기쁨 중의 기쁨은 주님이 우리를 보고 미소 짓는 것이다. 만일 주님이 우리를 위하시면 누가 우리를 대적하겠는가?롬 8:31 천국에서 그들은 이런 특권을 누리게 될 것이다. 그들은 늘 왕의 총애를 받으며 왕의 궁정에 거하는 시종이 될 것이다. 그들은 변함없는 아버지의 사랑을 받는 자녀가 될 것이다. 그들은 그것을 알고, 더욱 알아감으로써 기뻐할 것이다.

모든 성도들이 주님의 얼굴을 보게 될 것이다. 십자가 위에서 죽어 가던 강도도 그리스도와 함께 낙원에 있었다. 젊어서 죽든, 나이 많아 죽든, 오랜 동안 주님을 섬긴 후 죽든, 아니면 강도처럼 주님을 믿자마자 바로 죽든, 본문은 모든 성도들이 "그의 얼굴을 볼 터이요"라고 말한다. 사도들과 순교자들에게 그 이상의 기쁨이 있을까?

여러분의 친구들이 세상을 떠나서 슬픈가? 여러분의 아내, 남편, 자녀, 아버지, 조부모가 영원한 안식으로 들어간 것 때문에 슬퍼하는가? 그렇게 여러분 자신과 떠난 이들을 학대하지 말라. 십자가의 군사들이여, 오히려 그들이 면류관을 얻은 것을 감사하라. 여러분도 면류관을 얻기 위해 더욱 노력하라.

이 땅에서의 삶은 잠깐이다. 영원에 비하면 정말 잠깐의 순간이다. 우리의 초조감 때문에 기다림이 길게만 느껴지지만 믿음의 눈으로 바라보면, 하나님의 시간에 비추어볼 때 이 땅에서의 긴 삶은 한 순간일 뿐이다

Alcorn

구약 성경은 모세가 하나님을 뵈었지만, 하나님의 얼굴을 보지는 못했다고 말한다.

"네가 내 얼굴을 보지 못하리니 나를 보고 살 자가 없음이니라. ……네가 내 등을 볼 것이요 얼굴은 보지 못하리라"출 33:20, 23.

또한 신약 성경은 이렇게 말한다. 하나님은 "가까이 가지 못할 빛에 거하시고 어떤 사람도 보지 못했고 또 볼 수 없는 이시니"딤전 6:16. 이처럼 하나님의 얼굴을 본다는 것은 전혀 기대할 수 없는 일이었다.

이런 이유 때문에, 우리가 하나님의 얼굴을 뵐 것이라는 요한계시록 22장 4절 말씀을 읽을 때 놀라움을 금할 수 없는 것

이다. 그렇게 되려면 우리는 이 땅으로부터 천국으로 가기 전까지 근본적이고도 극단적인 변화를 거쳐야만 한다. "[거룩함]이 없이는 아무도 주를 보지 못하리라"히 12:14. 우리는 그리스도 안에서 완전히 의롭고, 모든 죄가 씻길 것이기 때문에 하나님을 뵙고도 살 수 있을 것이다.

다윗의 마음은 하나님과 하나님이 계신 곳에 완전히 사로잡혔다. 그는 하나님이 계신 곳에 자신도 있기 원했고, 그분의 아름다움을 보기 원했다. "내가 여호와께 바라는 한 가지 일 그것을 구하리니 곧 내가 내 평생에 여호와의 집에 살면서 여호와의 아름다움을 바라보며 그의 성전에서 사모하는 그것이라"시 27:4. 그리고 하나님이 우리 가운데 들어와 함께 계시게 되었다. 그분이 곧 임마누엘이시며, 그 뜻은 "하나님이 우리와 함께 계시다"마 1:23이다. 따라서 우리가 천국에서 예수님을 볼 때마다 우리는 하나님을 보게 될 것이다.

이것이 바로 스펄전이 기뻐했고, 우리도 기뻐해야 할 우리 구속救贖의 경이로움이다. 주님이 우리를 반가이 맞아 주시고 우리는 주님과 얼굴을 맞대고 볼 것이다. 주님의 눈에서 무엇을 보게 될 것인가? 비록 우리가 아직은 구속의 충만함을 다 경험할 수는 없지만, 예상은 해볼 수 있다. 지금 이 순간에도 우리는 기도를 통해 그곳으로 나아갈 수 있다. 우리가 부활한 후에는 기도를 통해 그분 앞으로 나아갈 수 있을 뿐 아니라, 부활의 몸을 입고 그분 곁에서 영원히 살 수 있게 될 것이다. 예수님의 피로 우리는 하나님의 보좌와 지성소로 들어갈 수 있게 되었기 때문이다.

"그러므로 형제들아 우리가 예수의 피를 힘입어 성소에 들어갈 담력을 얻었나니"히 10:19.

"그러므로 우리는…은혜의 보좌 앞에 담대히 나아갈 것이니라"히 4:16.

우리는 문자 그대로 그리스도의 얼굴을 뵈올 것을 기대한다. 눈을 감고 예수님을 뵙는 것을 상상해 보라. 얼마나 멋진 생각인가. 얼마나 놀라운 약속인가!

죄를 사랑하며, 하나님을 알지 못하는 당신이
하나님의 임재로 가득한 천국을 사랑하는 일이란 있을 수 없다.
오직 마음이 청결한 자만이 하나님을 볼 수 있다.
만약 천국이란 곳에 들어갈 수 있다 해도,
당신은 천국의 일부가 되지 못할 것이다.
천국에 있으면서 천국의 상태가 되지 못하는 것은
지옥에 있는 것보다 더 나쁜 일이 될 수 있다.
영광의 요소가 새롭게 되지 못한 자에게 천국은 복이 되기는커녕
오히려 그를 파괴할 것이다.
하나님이 명백히 드러나신 곳보다 죄인에게 더 끔찍한 곳은 없을 것이다.

3
PART

천국을 준비하는 삶

CHAPTER 1

천국에서 방금 내려온 사람은 어떻게 살까

너희를 위하여 보물을 땅에 쌓아 두지 말라
거기는 좀과 동록이 해하며 도둑이 구멍을 뚫고 도둑질하느니라
오직 너희를 위하여 보물을 하늘에 쌓아 두라
거기는 좀이나 동록이 해하지 못하며 도둑이 구멍을 뚫지도 못하고
도둑질도 못하느니라 네 보물 있는 그곳에는 네 마음도 있느니라

마태복음 6:19-21

천국에 가면 어떤 보화가 우리를 기다리고 있을까? 우리가 그 사실을 알든 모르든, 하나님이 우리에게 맡겨 주신 돈과 소유를 지금 어떻게 사용하는가가 영원한 세계에서 엄청난 의미를 지니게 될 것이다.

Spurgeon

여기에 천국에서 막 온 사람이 있다고 가정해 보라. 어떤 이들은 그가 어떤 몸을 가지고 있는지 궁금해 할 것이다. 그들은 아마 그의 용모가 어떠하며 몸은 어떤 상태인지에 관심을 둔다.

그러나 하나님을 믿는 우리의 관심사는 다른 데 있다. 우리는 그가 어떻게 살 것인지를 보고 싶다. 천국에서 방금 내려온 사람은 어떻게 살 것인가? 그가 이 땅의 사람들과 같은 종류의 일을 하지만 그것을 천국의 방식대로 해내는 그의 삶은 얼마나 빛날 것인가? 나는 틀림없이 이 설교를 멈추고, 그를 이곳에 세울 것이다. 설교 후에는, 함께 집에 가서 이야기를 나누고 싶을 것이다.

또한 나는 그가 재산을 어떻게 사용하는지 눈여겨 볼 것이다. 만약 그에게 실링이 있다면, 그는 제일 먼저 하나님의 영광을 위해 그것을 내놓을 것이다. 어떤 이는 이렇게 말한다. "그렇지만 나는 이 돈으로 꼭 사야 할 것들이 있습니다." 그렇게 하라. 다만 그렇게 하기 전에 이렇게 기도하라. "오, 주님, 당신의 영광을 위해 이것을 드리게 하소서." 필요한 것을 사는 것도 예배드리러 가는 것만큼이나 경건한 일이기 때문이다.

천국에서 막 내려온 사람은 이렇게 말하지 않을 것이다. "이 명품이 꼭 필요해. 이 멋진 옷을 꼭 입어야 해. 이 저택을 꼭 사야겠어." 오히려 이들은 이렇게 말할 것이다. "하늘의 하나님을 위해 어떻게 돈을 절약할 수 있을까? 천국을 위해 더 많은 돈을 투자하려면 어떻게 할까?" 그는 하나님을 섬기기 위해 최대한 돈을 절약할 것이다. 거리로 나가서 믿지 않는 사람들과 어울리게 되면 그들의 양심과 마음을 일깨우기 위해 노력할 것이다. 그는 언제나 자신이 누리는 행복을 다른 이에게도 전해 주기 위해 노력할 것이다.

곰곰이 생각해 보고, 그렇게 살라. 정말 하늘에서 내려오셔서 그렇게 사신 분을 본받아 살라. 결국, 삶에 있어 최고의 법은 이것이다. 예수님이 오늘 여기에 계신다면 악한 자의 손아귀에 놓여 있는 이 세상에 계신다면 어떻게 하시겠는가? 예수님이 여러분의 사업을 하신다면, 여러분의 돈을 갖고 계신다면, 어떻게 사용하시겠는가? 여러분도 꼭 그렇게 돈을 사용해야 할 것이다.

형제자매들이여, 여러분이 곧 천국에 가게 될 것을 생각해 보라. 지난해에도 많은 분들이 천국으로 돌아갔다. 내년이 오기 전에 또 많은 분들이 영광 속으로 올라갈 것이다. 천국의 자리에 앉아서, 우리는 이 땅에서의 삶이 어떠했기를 바라겠는가?

이 땅에서 자기의 욕망을 채운 일로는 천국에서 어떤 기쁨도 되지 않을 것이다. 이 땅에서 사후에 재산을 두고 다툼이 일어날 만큼 많은 재산을 축적한 것은 천국에서 그리 즐거운 기억이 아니다. 그는 이렇게 고백할 것이다. "죽기 전에 내 재산을 이곳으로 먼저 보냈더라면 좋았을 것을. 땅에서 모은 것을 다 잃어버렸구나. 하나님을 위해 사용한 것만 이곳[천국]에 보관되고 있었구나!"

아, 형제자매들이여, 삶이 끝난 후에 그렇게 살았으면 좋았으리라고 생각할 삶을 지금 살자. 영원히 빛나는 삶을 살자. 지금 여러분의 삶은 얼마나 다른가?

예수님은 우리의 마음과 보물을 어디에 두어야 할지에 대해 말씀하셨다. "너희를 위하여 보물을 땅에 쌓아 두지 말라 거기는 좀과 동록이 해하며 도둑이 구멍을 뚫고 도둑질하느니라 오직 너희를 위하여 보물을 하늘에 쌓아 두라 거기는 좀이나 동록이 해하지 못하며 도둑이 구멍을 뚫지도 못하고 도둑질도 못하느니라 네 보물 있는 그곳에는 네 마음도 있느니라"마 6:19-21.

"죽을 때는 아무 것도 갖고 갈 수 없다"는 격언에는 진리가 담겨 있다. 하지만 예수님이 "보물을 하늘에 쌓아 두라"고 하신 말씀에는 새로운 진리가 빛난다. 주님은 이렇게 말씀하시는 것이다. "죽을 때는 아무 것도 가지고 갈 수 없다. 그러나 죽기 전에 먼저 그곳에 보낼 수는 있다."

땅의 보물을 희생해서 가난한 자를 돌보고 이웃을 사랑하며 하나님의 뜻을 이루면, 땅에서 사용한 돈을 하늘의 영원한 것으로 갚아 주신다. 그것은 땅의 보물을 하늘의 보물로 바꾸는 일이다. 돈과 물질적인 것을 줘버림으로써 돈이라는 우상을 쓰러뜨릴 수 있다.

타락한 이 땅에 속한 것들은 세월을 이기지 못한다. 좀과 동록과 도둑을 피한다고 할지라도 물질세계를 소멸하실 하나님의 불을 피하지는 못한다벧후 3:7. 물질적인 부를 축적하는 것이 잘못이라는 그리스도의 주된 논거는 그것이 비도덕적이라는 사실이 아니다. 여기에서 지내는 잠깐의 시간과 천국에서 살게 될 영원에 비추어 볼 때, 천국이 아니라 이 땅에 보물을 쌓아 두는 것은 '어리석은' 투자라는 사실이다.

예수님은 늘 두 왕국을 말씀하셨다. 두 왕국의 두 가지 보물, 두 가지 관점, 두 주인에 대해 말씀하셨다마 6:22-24. 이 두 가지 선택권 가운데 우리는 오직 하나만 택할 수 있다. 우리가 의도적으로 올바른 선택을 하고, 그것을 굳게 지키지 않는다면 자동적으로 잘못된 선택을 하게 된다.

자, 여러분의 선택은 무엇인가?

CHAPTER 2

죄인은 결코
천국을 사랑할 수 없다

악인은 그의 마음의 욕심을 자랑하며
탐욕을 부리는 자는 여호와를 배반하여 멸시하나이다
악인은 그의 교만한 얼굴로 말하기를
여호와께서 이를 감찰하지 아니하신다 하며
그의 모든 사상에 하나님이 없다 하나이다……
그가 그의 마음에 이르기를 하나님이 잊으셨고
그의 얼굴을 가리셨으니 영원히 보지 아니하시리라 하나이다
여호와여 일어나옵소서 하나님이여 손을 드옵소서
가난한 자들을 잊지 마옵소서 어찌하여 악인이 하나님을 멸시하여
그의 마음에 이르기를 주는 감찰하지 아니하리라 하나이까
주께서는 보셨나이다 주는 재앙과 원한을 감찰하시고
주의 손으로 갚으려 하시오니 외로운 자가 주를 의지하나이다

시편 10:3-4, 11-14

스펄전은 죄와 회개하지 않은 죄인은 거룩한 천국에 있을 수 없다는 것을 설득력 있게 설명한다. 그리스도를 거부한 사람들은 천국을 결코 사랑할 수 없다. 또한 그분을 받아들인 사람은 다른 것을 사랑할 수 없다.

Spurgeon

악한 자들이 행복할 수 없는 이유는 반역자들이 평안을 누리지 못하도록 하나님이 막으시고, 그들 스스로도 행복을 거부하기 때문이다. 새롭게 되지 못한 사람이 하나님이 세우신 거룩한 교회의 일원이 된다는 것은 불가능한 일이다.

죄를 사랑하며, 하나님을 알지 못하는 당신이 하나님의 임재로 가득한 천국을 사랑하는 일이란 있을 수 없다. 오직 마음이 청결한 자만이 하나님을 볼 수 있다. 위대하신 주님이 만드신 세상에 살고 있으면서도 그분의 손길을 깨닫지 못하다니 정말 눈 먼 자다. 그런 눈 먼 자가 새 예루살렘의 거리를 지나갈 수 있겠는가? 그것은 오직 영적으로만 분별할 수 있으며, 지금 당신에게는 그런 영적인 능력이 전혀 없다.

하나님과 하늘의 것에 대해 눈 멀고 귀 먹고 죽어 있는 당신이 영적인 영역에 들어가는 것이 무슨 유익이 있겠는가? 만약 천국이란 곳에 들어갈 수 있다 해도, 당신은 천국의 일부가 되지 못한다.

천국에 있으면서 천국의 상태가 되지 못하는 것은 지옥에 있는 것보다 더 나쁜 일이 될 수 있다. 기쁨의 본질은 결국 마음과 성품의 상태이기 때문이다. 슬픈 사람에게 흥에 겨운 노래가 어울리는가? 새롭게 되지 못한 자에게는 천국도 마찬가지다. 영광의 요소가 새롭게 되지 못한 자에게 천국은 복이 되기는커녕 오히려 그를 파괴할 것이다. 죄인에게는 하나님이 명백히 드러나신 곳보다 더 끔찍한 곳은 없을 것이다.

거듭난 영혼을 위한 거룩한 처소는 거룩하지 않은 이가 혹시 들어갈 수 있다 해도 영광이 아니라 무덤이며, 영원한 감옥이다. 악한 자에게는 주님의 날이 빛이 아니라 어둠이며, 주님의 영광은 기쁨이 아니라 공포다. 천국에서 부르는 노래가 믿지 않는 자들의 귀에는 전혀 기쁘게 들리지 않는다. 여기에서 한 시간 드려지는 예배조차 지루하다면 영원히 할렐루야가 그치지 않는 곳에 머무르는 것은 어떻겠는가? 죄로 더러워진 영혼은 그런 곳을 감당하지 못한다.

오늘 내가 치명적인 열병에 걸렸다고 가정해 보자. 나를 만지는 사람마다 죽음으로 이끄는 불치의 발진티푸스에 걸렸다고 상상해 보라. 바람이 사정없이 몰아치고 눈이 쏟아질 때, 나는 문 앞에 서서 떨면서 쉴 곳을 찾고 있다. 집 안에는 여러분의 어린 자녀들이 건강한 모습으로 노는 모습이 보인다. 내가 감히 그 안에 들어갈 수 있겠는가?

나는 이 차가운 거리에서 도망치고 싶지만, 만약 내가 집 안으로 들어간다면 당신과 어린 자녀들에게 치명적인 열병을 옮기게 되고, 여러분의 행복을 절망으로 돌려놓게 될 것이다. 차라리 폭풍 속에서 죽을지언정 친구에게 그런 재앙을 가져올 수는 없다. 정직한 영혼이라면 천국의 완전한 가족을 보고 이렇게 말할 수밖에 없을 것이다. "설사 그럴 수 있다 할지라도 나는 온전한 천국에 들어가서 그곳을 더럽히고 죄악의 치명적인 질병을 퍼뜨릴 수는 없다."

역병이 돈 배가 선착장에 들어오는 것을 본다면 여러분은 이렇게 외칠 것이다. "저 배를 불에 태워버려라. 사람들과 접

촉하지 못하게 하라. 수많은 목숨을 앗아갈 수 있는 역병이 이 거대한 도시에 들어오지 못하게 하라."

우리도 그렇게 외친다. "위대하신 하나님, 우리를 더럽히는 것이라면 그 어떤 것도 당신의 온전한 교회에 들어오지 못하게 하소서. 그것은 정말 견딜 수 없나이다." 천사들이여 검을 들라. 스랍들아 대오를 갖추라. 천국 문으로 들어오려고 하는 모든 더러운 자를 쳐라. 그래야만 한다. "무엇이든지 속된 것이나 가증한 일 또는 거짓말하는 자는 결코 그리로 들어가지 못하되"계 21:27.

하나님의 법령이 공포되었고, 새 에덴의 문에는 불의 검이 놓여졌다. 첫 낙원에는 뱀이 들어왔다. 그러나 둘째 낙원에는 시험하는 자가 결코 들어오지 못할 것이다. 첫 낙원으로 죄가 들어왔고 사람은 쫓겨났으며 하나님도 떠나셨다. 그러나 둘째 낙원에는 죄나 거짓과 가까운 것은 그 어느 것도 들어올 수 없다. 주 하나님이 그곳에 영원히 거하실 것이며, 그의 백성도 그분과 함께 있을 것이다.

Alcorn

C. S. 루이스는 "지옥의 문은 안에서 잠겨 있다"고 말한다. 물론 우리는 부자와 나사로의 이야기를 통해서 지옥에 있는 사람

들이 그곳에 있기 싫어하며, 받아야 할 벌을 피하기 원한다는 사실을 안다눅 16:19-31. 그러나 루이스가 말하려는 요점은 아마도, 지옥의 불로부터 벗어나려는 사람이 모두 천국에서 살고 싶어 하는 것은 아니라는 사실일 것이다. 만약 다른 선택의 여지가 없다면, 어떻게 해야 할까?

내 소설 《데드라인》에서 나는 방금 죽은 한 사람을 이렇게 묘사했다.

지옥에서의 첫 시간이다. 영원은 고사하고, 어떻게 하루를 견딜 수 있을까? 그러나 그가 만약 이곳에서 도망칠 수 있다면 어디로 가야 할까? 천국? 그곳은 생각만 해도 견딜 수 없다. 그곳의 법을 따르는 것, 끊임없는 독선적인 압박을 도저히 견딜 수 없을 것이다. 그곳은 이곳보다 더 견딜 수 없는 곳이다. 그는 목이 마를 뿐, 구속을 원하는 것이 아니다. 그는 희망을 원하지만, 의를 구하지는 않는다. 그는 우정을 원하지만, 하나님과 그분을 따르는 자들과의 우정은 원하지 않는다.

죄의 본성은 지옥에서도 계속되는 것처럼 보인다. 오직 그리스도만이 그것을 제하실 수 있다. D. A. 카슨Carson은 지옥이 영원한 까닭은 사악한 반역이 영원하기 때문이라고 말한다. 만약 그렇다면, 지옥은 "죄인들이 끊임없이 죄를 짓고, 죄로 인한 형벌을 당하면서도 무릎 꿇기를 끊임없이 거부하는" 그런 곳이다. 지옥은 영원히 계속되는 죄에 대한 영원히 계속되는 형벌이다.

반대로 천국에 있는 자들은 죄를 짓지 않을 것이다. 왜냐하면 그들은 옛 본성으로부터 완전히 구원 받고, 새 본성을 받았으며, 그리스도 안에서 완전하게 되었기 때문이다. 그러나 나는 우리가 죄의 추악함을 결코 잊지는 않을 것이라고 확신한다. 심각한 화상을 경험한 사람은 모닥불 앞으로 가려는 생각을 하지 않는다.

사탄은 우리에게 접근할 수 없다. 그럴 수 있다 할지라도, 우리는 시험에 빠지지 않을 것이다. 우리는 의가 무엇인지 알 뿐 아니라, 죄가 무엇인지 또는 어떤 것이었는지도 안다. 우리는 죄의 진정한 대가가 무엇인지 언제나 기억할 것이다. 왕이신 예수님의 손에 난 상처를 볼 때마다, 우리는 기억할 것이다.

마음이 순결해지기 때문에 우리는 사람의 진면목을 볼 수 있고 천국의 모든 관계는 순수할 것이다. 우리는 모두 왕이신 예수님께 진실하게 될 것이다. 우리는 모든 사람을 사랑하나 오직 예수님과만 사랑에 빠질 것이다. 우리는 자신의 가장 깊은 필요를 주님이 아닌 다른 사람이 채워줄 수 있다는 거짓말을 믿지 않을 것이다.

천국에서는 우리의 생각을 고쳐야 할 필요가 없다. 하나님에 대한 진실이 모두에게 명백할 것이기 때문이다. 청교도 설교가 조나단 에드워즈는 이렇게 말한다. "이 땅에 사는 최고의 사람이라도 불완전하다. 그러나 천국에서는 그렇지 않다. 그곳에는 누구에게나 어떤 오염이나 기형 또는 결함도 없을 것이며, 천국에서는 모든 이가 완전히 순결하며, 완벽하게 사랑스러울 것이다."

천국에서 우리는 온전한 사람일 것이다. 아담과 하와는 죄인이 되기 전까지 온전한 사람이었다. 그러나 하나님이 원래 만드신 사람의 모습에서 도덕적 완전을 잃어버렸다. 그 이후로 죄의 저주 아래서 우리는 사람이지만 온전한 사람이 되지 못했다.

우리는 자신이 죄인이 아니었던 때를 알지 못한다. 우리는 언제나 죄의 짐을 지고 있었다. 우리의 눈과 마음을 더 이상 지키지 않아도 될 때, 우리는 얼마나 편안해질까? 우리는 더 이상 자만심과 정욕과 싸우지 않아도 될 것이다. 다 없어져 버릴 것이기 때문이다.

누군가 내게 이렇게 물은 적이 있다. "만약 우리에게서 죄가 없어져도, 우리는 여전히 사람인가?" 비록 지금은 죄가 우리의 일부이지만, 사람됨의 본질은 아니다. 사실 죄는 오히려 이질적인 것이다. 원래 하나님이 의도하셨던 우리의 모습을 왜곡시키고, 그로부터 멀어지게 하는 요소다. 우리는 언젠가 그 모습을 다시 회복하게 될 것이다.

CHAPTER 3

현재의 천국

또 미리 정하신 그들을 또한 부르시고 부르신 그들을 또한 의롭다 하시고
의롭다 하신 그들을 또한 영화롭게 하셨느니라

로마서 8:30

죽으면 어떻게 되는지 아는가? 이 땅과 하늘 사이에 지연 시간이 있을지, 영혼이 하나님을 만나기 전에 준비가 필요한지 등을 궁금해 한 적이 있는가? 이에 대해 스펄전이 이야기한다.

Spurgeon

믿는 사람의 영혼은 몸을 떠나는 순간에 영광스럽게 된다. 그 과정에 어떤 준비 과정도 필요하지 않다. 죽어 가던 강도의 경우를 생각해 보자. 그는 성자가 아니었다. 오랜 기간 도덕적인 선행을 통해 완전해진 상태에서 천국의 문으로 들어갈 자격을 얻은 것이 아니었다. 그는 마지막 순간까지 죄인이었으며, 그의 유일한 선행은 그리스도를 주로 시인한 것과 구주를 비방하던 다른 강도를 꾸짖은 것뿐이었다. 그러나 주님은 그에게 이렇게 말씀하셨다. "오늘 네가 나와 함께 낙원에 있으리라"눅 23:43.

그뿐만이 아니다. 예수님의 이야기에서 나사로는 죽은 후에 천사들에 의해 아브라함의 품으로 옮겨졌다. 그곳에는 말할 수 없는 안식과 기쁨이 있었고, 음부에 있던 부자는 그것을 너무나 부러워했다눅 16:19-31. 스데반은 주 예수님께 자신의 영혼을 받아 달라고 했고행 7:59, 사도 바울은 삶과 죽음 사이에서 차라리 세상을 떠나 "그리스도와 함께" 있기를 원했다빌 1:23. 그는 분명히 이 땅과 천국 사이의 어떤 지연도 기대하지 않았으며 이렇게 말했다. "몸으로 있을 때에는 주와 따로 있는 줄을 아노니"고후 5:6.

주님은 몸을 떠난 영혼들에 대해 그들이 지금 낙원에 있다고 말씀하셨다. 이를 통해 천국에 있는 성도들의 상태를 짐작해 볼 수 있다.

에덴! 그 희미해진 영광에 대해서 어떻게 이야기할 수 있을까? 우선, 각종 맛있는 과실이 가득한 나무들 사이로 난 오솔길을 떠올리라. 일출과 석양의 영광, 불사의 생명, 평화, 기쁨, 사랑, 그리고 첫 부모들이 벌거벗은 채로 부끄러움 없이 누렸던 화사함을 기억하자.

낙원의 영광은 바람이 부는 저녁에 피조물과 함께 동산을 거니시던 하나님이셨다. 천국의 영광은 "다시 밤이 없겠고 등불과 햇빛이 쓸 데 없으니 이는 주 하나님이 그들에게 비치"계 22:5시기 때문이다. 하나님이 모든 눈물을 그 눈에서 닦아주시니 다시는 애통하는 날이 없으며계 21:4, 어린 양이 그들을 생명수 샘으로 인도하실 것이다계 7:17. 하나님이 그들과 함께 계셔서 그들의 하나님이 되시며, 그들도 그분과 함께 있어 그분 오른 편에 있는 행복한 백성이 될 것이다. 그곳에는 영원한 기쁨이 있다.

주께서 호령과 천사장의 나팔 소리와 하나님의 소리로 친히 하늘로부터 강림하실 날이 올 것이다살전 4:16. 어떤 이들은 주님이 천 년 왕국 이후에 오신다고 생각한다. 나는 그렇게 생각하지 않는다. 나는 주님이 천년 왕국 전에 오시리라고 믿는다. 주님이 먼저 오실 것이며, 그분이 이 땅을 다스림으로써 천년 왕국이 시작될 것이다.

이것만은 분명한 사실이다. 그리스도는 갑자기 오실 것이며 의로 이 땅을 심판하며 다스리실 것이다. 그때 우리 중에 살아 있는 사람은 이미 잠든 사람보다 앞서지 않을 것이다. 그렇다. "보라 내가 너희에게 비밀을 말하노니 우리가 다 잠잘 것이 아니요 마지막 나팔에 순식간에 홀연히 다 변화되리니 나팔 소리가 나매 죽은 자들이 썩지 아니할 것으로 다시 살아나고 우리도 변화되리라"고전 15:51-52.

Alcorn
―――

우리가 천국이라는 말을 들을 때 흔히 생각하는 곳은 신학자들이 "중간 단계의 천국"이라고 말하는 곳이다. 이에 대해 나는 "현재의 천국"이라는 말을 선호한다. 어찌 됐든 천국은 하나님의 자녀가 죽으면 가게 되는 곳을 뜻한다. 몸이 부활할 때까지 우리는 거기서 산다. 스펄전이 성경으로 설명한 것처럼 우리의 영은 죽음 이후에 곧바로 그곳으로 간다. 비록 우리는 몸을 입지 않은 상태지만 의식은 분명히 깨어 있는 상태일 것이다.

세상을 떠난 우리의 사랑하는 그리스도인 형제자매들은 지금 현재의 천국에 있다. 그곳은 연옥이 아니다. 어떤 이들은 천국에 들어가기 전 자신의 죄 값을 치르는 연옥이라는 곳이 있다고 믿지만, 그것은 성경적인 개념이 아니다. 성경은 그리스도께서 우리의 속죄를 위해 모든 값을 치르셨기에 우리는 아무것도 더할 것이 없다고 가르친다.

우리는 종종 천국에 가는 것을 이 땅의 영역을 떠나 천사들의 영역으로 가서 하나님과 같이 사는 것으로 생각한다. 그러나 성경은 언젠가 하나님이 우리의 땅, 곧 새 땅에서 영원히 우리와 함께 사실 것이라고 말한다계 21:3.

현재의 천국에서 하나님의 백성은 그리스도와 함께 충만한 기쁨을 누리고 있으며, "훨씬 더 좋은"빌 1:23 삶을 살고 있다. 그러나 그곳은 그들의 영원한 집이 아니다. 그들은 바울이 고린도전서 15장에서 말하는 몸의 부활을 고대하고 있다. 그것은 우리 모두에게 절대적으로 중요한 사실이다.

CHAPTER 4

그리스도께서 직접 예비하시는 곳

가서 너희를 위하여 거처를 예비하면
내가 다시 와서 너희를 내게로 영접하여
나 있는 곳에 너희도 있게 하리라

요한복음 14:3

사람들은 흔히 천국을 생각할 때, 몸을 벗어버린 영혼이 구름 사이를 떠다니는 것 같은 장면을 상상한다. 그러나 성경은 새 땅에 대해 그렇게 묘사하지 않는다. 우리는 영적이면서 육체를 지닌 존재로서 문자 그대로 이 땅에 임한 천국에서 살게 될 것이다. 성경이 그렇게 말한다.

Spurgeon

탕자가 아버지에게 돌아왔을 때, 그를 위해 살찐 송아지로 만든 음식과 음악과 춤, 그리고 가락지와 좋은 옷이 준비되었다. 그렇다면 우리가 (탕자가 아닌) 신랑을 위해 준비된 신부로서 또는 사랑받는 자녀로서, 점이나 주름이나 그런 것 없이 아버지께로 돌아간다면 얼마나 더 좋은 것이 준비되겠는가? 아버지는 우리 안에서 자신의 형상을 보실 것이고 노래를 부르며 우리를 기뻐하실 것이다.

그리스도께서 우리를 위해 예비하시는 곳은 어마어마한 곳이다. 주님과 같은 위대한 왕은 이전에 없었다. 그곳은 그리스도께서 예비하시는 기쁨의 저택이며, 주님처럼 위대한 건축가는 이전에 없었다. 주님처럼 산돌을 능숙하게 다루며 돌을 쌓는 분은 없었다. 정말 기쁜 일이 아닐 수 없다. 그분이 자신의 백성을 위해 예비하시는 장소는 매우 훌륭한 곳임에 틀림없다.

여러분이 천국에 가면, 예비된 모든 것을 보고 놀라지 않을 수 없을 것이다. 귀빈실은 새롭게 단장되었고, 귀빈을 환영하기 위해 가능한 모든 것이 준비되었다.

사랑하는 여러분, 여러분은 그곳에서 더 이상 낯선 사람이 아니다. 여러분은 이렇게 말할 것이다. "여기에 내가 힘들 때 나를 도와준 손이 있다. 여기에 내가 하나님을 떠나 방황할 때 나를 지켜 준 눈이 있다. 바로 여기에 나를 사랑해 준 마음이 있다. 십자가에서 나를 위해 피를 흘리고 나를 사랑해 준 바로 그 마음이다. 나를 위해 이곳을 예비하신 분은 바로 나의 구세주시다."

하나님이 만약 우리를 위해 예비하신 곳이라면 그곳은 우리를 위한 맞춤 공간일 것이다. 그곳은 우리가 원했던 천국이며, 우리가 꿈꾸었던 것보다 훨씬 더 좋은 곳이리라. 우리가 상상할 수 있는 최고의 것보다 훨씬 더 좋은 곳! 그곳은 하나님의 천국이며, 행복한 피조물인 우리에게는 꼭 알맞은 천국이 될 것이다.

그분은 그곳으로부터 다시 오실 것이라고 말씀하신다. "가서 너희를 위하여 거처를 예비하면 내가 다시 와서 너희를 내게로 영접하여 나 있는 곳에 너희도 있게 하리라"요 14:3. 그리스도는 인간의 본성을 입으신 그대로 이 세상을 떠나 하늘로 가시고, 그곳에서 우리를 위한 장소를 예비하실 것이며, 영광스럽게 되신 인간의 본성을 입으신 채로 우리를 데리러 이 땅에 다시 오실 것이다.

이것은 우리가 죽을 때 주님이 영적으로 오신다는 의미가 아니다. 주님의 말씀은 분명히 우리를 위해 당신께서 이 땅에 다시 오신다는 의미다. 예비하신 곳으로 주님의 교회 전체를 인도하시기 위함이다. 그곳은 문자 그대로 물질적인 거주 장소이다. 우리의 영뿐 아니라 우리의 몸도 다시 살 것이며, 그런 우리에게는 살아갈 새 하늘과 새 땅이 필요하다.

그곳은 우리의 영과 혼과 몸이 다시 하나가 된 온전한 사람을 위한 장소이다. 그곳에서 우리는 온전한 사람으로서 양자 될 것, 즉 몸의 속량을 받게 될 것이다롬 8:23. 그리스도의 영광

안에서 모든 성도들이 온전한 사람으로 완성될 것이다.

Alcorn

영원한 상태에 대한 잘못된 견해로부터 천국에 대한 무수한 오해가 생겨났다. 영원한 왕국에서 먹고 마시는 것과 같은 뜻이 분명한 구절마저 영적인 교제를 뜻하는 은유적인 표현으로 해석하는 것이다. 그러나 성경은 분명히 새 땅을 물리적인 장소로 묘사하고 있다. 우리가 구체적으로 만질 수 있는 물질적인 곳으로 소개하는 것이다. 그 말씀을 비유적인 것으로 생각할 필요가 없다.

마르코 폴로가 쿠빌라이 칸의 궁정으로부터 이탈리아로 돌아갔을 때, 그는 사람들이 한 번도 보지 못한 세계를 설명해야 했고, 그래서 그들의 상상력에 호소해야 했다. 물론 중국은 상상 속의 나라가 아니었지만, 이탈리아와는 사뭇 다른 곳이었다. 사람들이 결국 중국을 실제로 존재하는 나라로 생각하지 않았다면 마르코 폴로의 설명은 실패한 것으로 보아야 할 것이다.

우리는 상상할 수 없는 것을 고대하거나 바랄 수 없다. 그것이 바로 하나님이 성경을 통해 천국을 엿볼 수 있게 하셔서, 우리의 마음속에 천국에 대한 상상력과 소망에 불을 지피게 하신 이유일 것이다. 우리는 상상력을 무시할 것이 아니라 오히려 성경을 통해서 그것을 북돋워야 할 것이다.

성경의 저자들은 현재의 천국을 동산, 도성, 왕국과 같은 여러 이름으로 묘사하고 있다. 동산, 도성, 왕국은 우리에게 친숙한 개념이기 때문에 천국을 이해하게 해주는 교량 역할을 한다.

하나님이 우리에게 영원하고 의로운 인성을 입히시는 것은 필수적이다. 그렇게 함으로써 우리의 몸과 마음을 죄와 저주와 사망으로부터 자유롭게 하시고, 우리의 삶을 위한 하나님의 목적을 성취할 수 있게 하신다. 몸을 가진 자만이 새 땅에서 걸을 수도 있고 다스릴 수도 있다. 물질적인 세계는 물질적인 존재가 차지하는 것이다.

천국을 단지 '영적인' 곳 즉, 비물리적인 곳으로만 이야기하다 보면 천국에 대해 호감이 덜하게 된다. 하나님은 사람을 물리적이며 영적인 존재로 만드셨기 때문에 우리는 비물리적인 영역에서 살 수 없다. 우리는 영적인 존재일 뿐 아니라 물질적인 존재이다. 하나님의 구속 계획에서 몸의 부활이 그토록 중요한 이유가 바로 여기에 있다.

CHAPTER 5

천국의 안식을
미리 연습하기

그런즉 안식할 때가 하나님의 백성에게 남아 있도다

히브리서 4:9

여러분은 자신의 노동, 혹은 겪고 있는 고통 때문에, 아니면 죄로 오염된 세상에 살고 있다는 사실로 인해 지쳐 있는가? 하나님은 이런 우리에게 참된 쉼을 주신다. 마음으로부터 흘러넘치는 평안을 지금뿐 아니라 영원히 주실 것이다.

Spurgeon

하나님은 "내 안식"히 4:3-4 즉, 하나님의 안식을 말씀하신다. 그것은 그 어떤 안식보다 더 크고 놀라운 안식이다. 나는 이 안식을 부분적이나마 이 땅에서 누릴 수 있다고 믿는다. "이미 믿는 우리들은 저 안식에 들어가는도다"히 4:3. 하나님이 안식하셨던 것처럼, 우리도 자기 일을 멈추기 때문이다. 우리는 죽음의 강 건너편에서 복 받은 성도들에게 허락될 영원한 안식을 누리게 될 것이다.

여기 이 땅에서 그리스도인은 고난을 당할 수밖에 없다. 어떤 때는 머리가 깨어질 듯 아프고, 몸이 욱신거리며 쑤신다. 팔다리에 타박상이나 골절을 입기도 하고, 질병으로 고통을 당하기도 한다. 날 때부터 고통을 타고날 수도 있다. 몸이 허약해서 대부분의 밤낮을 침상에서 지내야만 할 수도 있다.

또는 몸은 건강할지라도 정신적으로 고통을 당할 수도 있다. 세상과 육체와 악마로부터 끊임없는 공격을 받기도 하고, 악한 자의 유혹과 인간의 부패성 사이에서 갈등하기도 한다.

그러나 천국에서는 머리도 아프지 않고 심장도 지치는 법이 없다. 팔이 마비되지도, 이마에 주름이 생기지도 않는다. 불구가 된 팔다리도 회복될 것이며 노화된 신체도 다시 젊음을 되찾는다. 거기에서는 마치 천사처럼 끝에서 끝까지, 여기저기를 힘도 들이지 않고 지치지도 않고 옮겨 다닐 것이다. 거기서는 아파서 침상에 누울 일도 없고, 끊임없는 기쁨 속에서 하나님의 보좌를 즐거워하고 찬송할 것이다. "그 거주민은 내가 병들었노라 하지 아니할 것이라."

거기에는 더 이상 박해도 없다. 잔인한 말이나 행동으로 괴롭힘 당하는 일도 없다. 악한 자들의 수군거림과 그들의 잔인한 비웃음도 영원히 없다. 박해로부터 해방될 것이다! 순교자들이여, 그대들은 칼로 베임을 당했고 찢겨졌으며 사나운 짐승들에게 던져졌고 고문을 당했다. 정말 많은 사람들이 순교를 당했다. 그대들의 옷은 가시로 찢기었고 여러분의 얼굴은 상처로 얼룩졌다. 더러는 말뚝에, 더러는 십자가에 달렸다. 고문틀에서 신음하며 감옥에 갇히고 족쇄를 차기도 했다.

그러나 이제는 정오의 해보다 더 밝은 흰 옷을 입고 정렬해 있다. 빛의 아들들 가운데 가장 아름다운 모습으로, 영원한 보좌에 가장 가까이에! 이들은 주님을 위해 죽은 자들이며, 십자가와 면류관을 사랑한 자들이다. 영원한 유업을 얻기 위해 피의 바다를 헤쳐 나갔으며, 이제 이 세상의 그 어떤 루비보다 더 밝게 빛나는 핏빛 순교의 면류관을 머리에 쓰고 그곳에 있다.

죽음에 매여 있는 이곳에서는 하나님의 자녀들이 죄에도 매여 있다. 맡은바 임무를 실패하기도 하고, 하나님으로부터 멀리 떠나 방황하기도 한다. 비록 원한다 할지라도, 하나님의 모든 율법을 흠 없이 지키지 못한다. 이곳에서는 죄가 끊임없이 그를 괴롭히지만, 그곳에 있는 하나님의 자녀들은 죄의 유혹에 빠지지 않으며, 완전히 자유롭게 그들의 주님을 섬긴다. 이곳에서는 하나님의 자녀들이 죄에 대한 회개의 눈물을 흘리기도 하지만, 그곳에서는 결코 통회의 눈물이 없을 것이다.

의로운 자들이 누릴 안식이란 얼마나 복된 것인가. 가족들이 다 같이 함께 모일 것이다. 떠난 친구들을 다시 만나게 될 것이며, 다시는 헤어지지 않을 것이다. 그리스도의 온 교회가 다 함께 모여서 하나님과 어린 양을 영원토록 찬송하게 될 것이다.

Alcorn

고된 하루 일을 마치고 베개에 머리를 누일 때 얼마나 달콤한지! (고된 일생을 마친 후에 누리는 안식은 얼마나 좋을까?) 앉아서 시원한 아이스티 한 잔을 마시며 따뜻한 햇살을 느끼거나, 안락의자에 기대어 앉아 가만히 눈을 감아 보는 것은 정말 좋다. 해야 할 일에 대한 속박감 없이 좋은 책을 읽거나 개를 데리고 산책을 하거나 좋아하는 음악을 들으면서 하나님의 은혜에 대해 감사하는 것은 정말 신나는 일이다. 안식은 좋은 것이다. 너무나 좋은 것이어서 하나님은 그것을 창조 질서와 율법에 포함시키셨다.

우리가 천국을 편히 쉬는 곳으로 생각하지 못하는 이유 중의 하나는 지금 우리가 매주 제대로 안식하지 못하기 때문이다. 우리가 해야 할 일에 매인 나머지, 저주로부터 참된 안식으로 우리를 건져주신 은혜를 바라지 못하는 것이다.

어떤 이들은 사회생활을 즐기는데 다른 이들은 넌더리를 낸다. 어떤 이들은 혼자 있는 것을 좋아하는데 다른 이들은 싫어한다. 하지만 새 땅에서는 우리 모두 다른 사람들과 어울리는 것을 즐길 것이며, 또한 조용히 혼자 쉬는 시간도 즐길 것이다. 둘 다 즐기게 될 것이다.

스펄전은 또 다른 안식에 대해서도 이야기한다. 그것은 박해로부터의 안식이다. "잔인한 말이나 행동으로 괴롭힘을 당하는 일도 없을 것이다." 스펄전이 살았던 시대를 잘 아는 사람은 이 말 뒤에 숨은 뜻을 이해할 수 있다. 신문이 여론을 주도하던 시대에, 스펄전은 세속 신문의 편집인들뿐만 아니라 종교계 신문으로부터 신랄한 비판을 받았다.

예를 들면, 1855년 4월판 〈에섹스 스텐다드 Essex Standard〉는 스펄전에 대해 이렇게 썼다. "그는 통속적인 구어체를 쓰며, 설교에는 고함소리가 난무한다. … 우리 종교의 가장 근엄한 신비에 대해 그는 경건하지 않은 언어를 이용해 함부로 다룬다. 그의 설교는 조잡한 일화들로 가득하다." 1857년에 스펄전은 한 설교에서 이렇게 기록했다. "내게 이런 비방들이 쏟아질 때, 이마에는 뜨거운 땀이 솟구치고, 종종 무릎을 꿇지 않을 수 없게 된다. 비통함 속에서 내 마음은 갈기갈기 찢어진다."

스펄전의 아내 수잔나는 남편에 대한 비방의 글들을 모아 두었는데, 그것은 엄청난 양이었다. 그녀는 또한 남편을 위해 마태복음 5장 11-12절의 말씀을 액자에 담아 벽에 걸어 두었다. "나로 말미암아 너희를 욕하고 박해하고 거짓으로 너희를 거슬러 모든 악한 말을 할 때에는 너희에게 복이 있나니 기뻐하고 즐거워하라 하늘에서 너희의 상이 큼이라 너희 전에 있던 선지자들도 이같이 박해하였느니라."

1649년에 청교도 목사였던 리처드 백스터Richard Baxter는 《성도의 영원한 안식 The Saint's Everlasting Rest》을 저술했고, 스펄전은 이 책을 즐겨 읽었다. 이 책은 수세기 동안 천국에 관해 서술된 가장 영향력 있는 책이었다. 스펄전이 "그 누구보다 인간의 영혼을 사랑했던 사람"이라고 불렀던 백스터는 우리가 천국을 바라보고, 그곳에 확실히 가기 위해서 다른 모든 일들을 제쳐 두지 않는 것을 의아해 했다. 또한 천국이 우리의 상상력을 사로잡거나 우리의 삶을 변화시키지 못하는 것에 대해서 탄식했다.

백스터와 스펄전은 모두 성경적인 천국의 모습을 궁극적인 안식의 장소로 이해했다. 하나님이 세상을 창조하셨을 때, 일곱째 날에 안식하셨다창 2:2. 그것이 바로 성경적인 안식일의 근거이며, 이 날에 모든 사람과 짐승들은 쉬어야 했다출 20:9-11. 하나님은 쉬어야 할 날과 주간을 정하셨고, 심지어 땅도 매 칠 년마다 쉬도록 하셨다레 25:4-5. 이것이 바로 우리가 새 땅에서 누리게 될 안식이다.

천국에서의 우리 삶에는 안식이 포함되어 있다히 4:1-11. 에덴동산은 안식의 표본이다. 죄가 이 세상에 들어오기 전에, 하나님은 일곱째 날에 쉬셨다. 아직 죄가 없는 아담과 하와에게 안식을 명하셨다. 의미 있고 즐거운 일이 있고, 먹을 것이 풍부한 아름다운 환경에서 아무런 스스럼없이 하나님과 다른 사람들, 그리고 동물들과 사귈 수 있었다. 에덴과 같은 완전한 곳에서도 하루를 떼 내어 특별히 쉬었고, 하나님을 예배한 것이다.

이처럼 안식은 하나님의 새 세상에서 우리 삶의 일부가 될 것이다. 새 땅에서 우리는 새로운 일을 하게 될 것이며, 또한 정기적으로 쉬는 삶을 살게 될 것이다. "성령이 이르시되 그러하다 그들이 수고를 그치고 쉬리니 이는 그들의 행한 일이 따름이라 하시더라"계 14:13.

CHAPTER 6

하나님의 선물을
거부한다면

그리하면 그가 세상을 창조한 때부터 자주 고난을 받았어야 할 것이로되
이제 자기를 단번에 제물로 드려 죄를 없이 하시려고
세상 끝에 나타나셨느니라
한 번 죽는 것은 사람에게 정해진 것이요
그 후에는 심판이 있으리니
이와 같이 그리스도도 많은 사람의 죄를 담당하시려고
단번에 드리신바 되셨고 구원에 이르게 하기 위하여
죄와 상관없이 자기를 바라는 자들에게 두 번째 나타나시리라

히브리서 9:26-28

지옥은 점잖은 만찬 석상에서 나눌 만한 대화 주제가 아니다. 그래서 그리스도인들도 그 주제를 경시하거나 피하려는 경향이 있다. 모든 사람이 천국에 갈 것이라고 추측하는 것이 더 자비로운 일이라고 할지도 모른다. 그러나 스펄전은 우리가 왜 지옥이라는 엄연한 현실을 인정하고, 다른 이에게 선포해야 하는지를 분명히 이야기한다.

Spurgeon

죽음 이후에는 심판이 있고, 심판 이후에는 영원한 형벌이 있다. 죽음이 끝이라고 생각하는 이에게 다시 사는 것이 끔찍한 일이라면, 하나님의 법정 앞에 서는 것은 더욱 끔찍한 사건이 될 것이다. 마침내 판결이 내려지고 영원한 형벌의 공포가 시작되면 얼마나 더 참담할 것인가.

악한 자의 영혼은 이미 고통 가운데 있지만, 최후의 심판에서는 몸과 영혼이 모두 지옥의 불못에 던져질 것이다. 나는 하나님을 두려워하지 않고 예수님을 믿지 않는 여러분에게 지옥의 형벌을 보여주고 싶지는 않다. 커튼을 쳐 두자. 하지만 여러분이 그 실체를 깨닫기 바란다.

이것만은 분명하다. 지옥은 하나님이 계시지 않으며, 수면과 휴식, 희망이 없는 곳이다. 갈증으로 목이 타들어 가도 물 한 방울조차 마실 수 없고, 어떠한 즐거움이나 빛도 없으며, 복음 또한 없는 곳이다. 자비가 날개를 접고 사그라지며, 분노가 넘치고 불타는 곳이다. 그곳은 상상의 한계를 뛰어넘는 곳이다.

죄인들이여, 그대들은 죽으면 결코 지옥으로부터 벗어나지 못한다. 영원히 멸망하는 것이다. 아직 이 땅에 있을 때, 부디 여러분의 결국을 생각하기 바란다.

생각하고 또 생각하라. 이 경고가 여러분 생애의 마지막 경고일 수도 있다. 여러분이 여기 앉아 있는 동안, 모래시계의 마지막 모래 알갱이가 빠져나가고 있는지도 모른다. 그렇게 되면 더 이상 경고도 없을 것이며, 구속과 구원은 영원히 불가능해진다.

죄인들이여, 여러분 앞에 십자가에 못 박히신 예수 그리스도가 있다. "그를 믿는 자마다 멸망하지 않고 영생을 얻게 하려 하심이라"요 3:16. 모세가 광야에서 뱀을 든 것 같이, 이 아침에 인자Son of Man도 들려야 한다. 죄인들이여, 그분의 손에 남은 상처를 보라. 가시관을 쓰신 그분의 머리를 보라. 그 손과 발의 못자국을 보라. 그분을 알아보겠는가? 주의해서 보라. 그분의 말씀을 다시 들어보라. "다 이루었다"요 19:30. 구원은 완성되었다!

그리스도를 믿으라, 그러면 여러분은 구원 받을 것이다. 그분을 믿으면 미래의 모든 공포는 여러분에게 아무런 힘도 미치지 못할 것이다. 오늘 여러분 중에 생애 처음으로 우리 주님을 믿는 분이 있다면, 미래에 어떤 일이 생길지 염려할 필요가 없다. 이제는 차분히 앉아서 이렇게 말할 수 있다. "올 테면 와라. 내 영혼은 만세 반석 위에 있다. 질병도 폭풍도 두렵지 않으며, 더 이상 고통도 없다. 어서 와라. 어서 와라. 주 예수님 속히 오소서."

Alcorn

루이스의 책《스크루테이프의 편지》를 본떠서 쓴 나의 책《파울그린 경의 편지 Lord Foulgrin's Letters》에서 악마 파울그린은 조단 플레처Jordan Fletcher라는 인간을 유혹하는 임무를 맡은 악한 영인 스컬테인트Squaltaint에게 이러한 지침을 내린다. "우리가 지

향하는 것은 장기적인 결과다. 플레처에게는 우리가 원하는 영향을 미칠 수 있는 전술만 허용한다. 현실의 왜곡과 도덕적 타락, 그리고 적이 싫어하는 생각과 행동을 유도하는 것이다. 그들을 지옥으로 보낼 수 있는 것은 찬성하라. 그들을 천국으로 이끄는 것은 무조건 반대하라."

스펄전은 그 어느 설교가보다 악마의 전략을 잘 이해했다. 사탄은 심판에 대한 준비를 지연시키려고 할 뿐 아니라, 영원한 형벌과 심판이 있다는 사실조차 부인하게 만들려고 발광한다. 우리 영혼의 적은 믿지 않는 자가 아무런 걱정 없이 그리스도를 거부하기 원한다. 그리스도인이 주님을 증거할 필요를 느끼지 못하도록 만든다.

아이러니하게도, 지옥을 부정하거나 이야기하지 않음으로써 스스로를 온정적이라고 생각하는 사람은 실제로는 더 많은 사람을 지옥으로 보내고 있는 것이다. 심지어 그리스도인 중에도 은근히 또는 드러내 놓고 만인구원설 universalism을 수용하는 이들이 있다. 즉, 모든 사람이 결국에는 구원을 얻게 될 것이라는 주장 말이다. 어떤 이들은 지옥을 신의 진노에 사로잡힌 과격한 선지자들의 상상물로 치부한다. 그들은 그리스도인들이 그리스도의 사랑이라는 더 고차원적인 길을 따라야 한다고 주장한다.

그러나 이런 주장은 너무나 분명한 현실을 도외시하는 것이다. 예수님은 어느 누구보다 지옥에 대해 더 많이 이야기하신 다마 10:28, 13:40-42, 막 9:43-48. 예수님은 지옥을 문자적인 장소로 지칭하고 있으며 매우 사실적인 용어로 묘사하신다.

예를 들면 그곳은 꺼지지 않는 불과 죽지 않는 구더기가 있는 곳이다막 9:48. 그리스도는 구원 받지 못한 이에 대해 이렇게 말씀하신다. "바깥 어두운 데 쫓겨나 거기서 울며 이를 갈게 되리라"마 8:12. 부자와 나사로의 이야기에서 예수님은 악한 자가 지옥에서 크게 고통 받으며 분명한 의식이 있고 욕망과 기억과 이성을 유지하며, 고통을 덜고자 하지만 위로 받지 못하고 고통을 피하지 못하며 아무런 희망이 없다고 말씀하신다 눅 16:19-31. 구세주는 지옥을 더할 나위 없이 삭막한 곳으로 묘사하고 있다.

지옥은 얼마나 오래 지속될까? 예수님은 이렇게 말씀하신다. "그들은 영벌에, 의인들은 영생에 들어가리라"마 25:46. 한 문장 속에서 그리스도께서는 천국과 지옥의 지속 시간에 대해서 '영원aionos'이라는 단어를 쓰신다. 천국이 의식적으로 영원히 경험하는 것이라면, 지옥 역시 의식적으로 영원히 경험하게 될 것이다.

성경은 그리스도 없이 죽는 이에 대해 이렇게 이야기한다. "이런 자들은 주의 얼굴과 그의 힘의 영광을 떠나 영원한 멸망의 형벌을 받으리로다"살후 1:9. 하나님이 모든 좋은 것의 근원이시며, 지옥은 하나님이 계시지 않는 곳이기 때문에 지옥에는 좋은 것이 하나도 없는 것이다. 지옥에는 공동체도 없고, 동지애와 우정도 없다.

나는 지옥에서 악마들이 사람들을 단체로 괴롭히며, 사람들은 자기 운명을 함께 한탄하는 곳이리라고 생각하지 않는다. 오히려 각 사람은 음부에 홀로 있는 것으로 묘사된 부자눅 16:22-23처럼, 개별적으로 격리될 것이다. 동병상련이라지만 지옥에는 그나마 곁에 있는 사람조차 없을 것이다.

지옥은 그리스도 안에 있는 하나님의 구속이라는 선물을 거부한 사람들이 있게 될 곳이다. 어린 양의 생명책에 이름이 기록되지 않은 모든 사람은 자기 행위를 따라 책들에 기록된 대로 하나님의 심판을 받을 것이다계 20:12-15. 그들의 행위에는 죄가 있고, 그리스도가 없는 사람은 자신의 힘으로 거룩하고 공의로운 하나님 앞으로 들어갈 수 없기 때문에, 영원한 멸망의 장소로 갈 수밖에 없다마 13:40-42, 살후 1:9. 그리스도는 자신의 피로 씻음 받지 않은 이들에게 이렇게 말씀하실 것이다. "저주를 받은 자들아 나를 떠나 마귀와 그 사자들을 위하여 예비된 영원한 불에 들어가라"마 25:41.

우리가 지옥을 조금이라도 제대로 이해한다면, "지옥에나 떨어져라"고 말하는 사람은 아무도 없을 것이다. 지옥은 하찮은 곳이 아니다. 전 우주에서 가장 큰 비극이 지옥이다. 사실 지옥에 가는 것은 너무나 쉬운 일이다. 그곳으로 가기 위해서는 항법 장치가 필요 없다. 우리는 원래 지옥으로 가는 자동 항법 장치를 타고 태어났다.

하지만 하나님은 모든 사람에게 자신을 보여주셔서 자신을 찾고 구할 수 있도록 각자의 마음과 양심에 기회를 주셨다는 것을 언젠가는 분명히 알게 될 것이다롬 1:18-2:16. 복음을 들어 본 사람은 그리스도를 믿을 기회가 더 크겠지만롬 10:13-17, 그리스도를 믿지 않는 모든 자는 죄로 말미암아 창조와 양심 또는 복음에 나타난 하나님을 거부한 것이 된다.

하나님은 우리를 사랑하셔서 진리를 말씀하신다. 하나가 아니라 두 개의 영원한 종착지가 있으며, 천국에 가기 위해서는 바른 길을 선택해야만 한다. 모든 길이 천국으로 향하는 것은 아니다. 오직 한 길만이 천국에 이른다. 그 길은 예수 그리스도다. 주님은 말씀하신다. "나로 말미암지 않고는 아버지께로 올 자가 없느니라"요 14:6.

천국과 지옥을 선택하는 데 따르는 위험부담이 클수록 우리는 천국을 더욱 소중하게 여기게 될 것이다. 하나님의 은혜를 결코 당연하게 여기지 말자. 하나님의 은혜는 우리가 마땅히 받아야 할 형벌로부터 우리를 구원해 주시고, 받을 자격이 없는 것을 우리에게 영원히 허락하신다.

CHAPTER 7

죄인의 부활과 하나님의 진노

땅의 임금들과 왕족들과 장군들과 부자들과 강한 자들과
모든 종과 자유인이 굴과 산들의 바위 틈에 숨어 산들과 바위에게 말하되
우리 위에 떨어져 보좌에 앉으신 이의 얼굴에서와
그 어린 양의 진노에서 우리를 가리라
그들의 진노의 큰 날이 이르렀으니 누가 능히 서리요 하더라

요한계시록 6:15-17

이 설교에서 스펄전은 믿지 않는 자들에게 분명히 경고한다. 지옥의 실체에 대한 그의 메시지는 환영받지 못하는 주제다. 특히 거룩보다는 관용을 중시하는 요즘 시대에는 받아들여지기 더욱 어렵다. 그러나 그것은 분명히 하나님의 말씀에 근거한 메시지며, 우리가 주목해야 할 말씀이다.

Spurgeon

죄인들이여, 여러분은 의로운 자의 부활에 대한 이야기를 들었다. 여러분에게 부활이라는 단어는 그리 즐거운 단어가 아니다. 죽은 자가 다시 살아나리라는 말을 들을 때, 여러분의 영혼에는 기쁨의 빛이 떠오르지 않는다. 그러나 부디 귀를 기울이고 듣기 바란다. 하나님은 여러분도 부활할 것이라고 말씀하신다. 너무나 육적으로 살기에 자신에게도 영혼이 있다는 사실을 자각하지 못할지 모르겠지만, 여러분의 영혼은 살게 될 것이다. 이뿐만 아니라 여러분의 몸도 다시 살게 될 것이다.

욕망으로 가득 찼던 눈은 공포를 보게 될 것이다. 악한 자의 유혹에 기울였던 귀로는 심판 날의 천둥소리를 듣게 될 것이다. 헛된 쾌락으로 달려갔던 발은 그리스도께서 심판 자리에 앉으실 때, 여러분을 지탱해 주지 못할 것이다.

여러분의 몸이 땅에 묻히면 그것으로 끝이라고 생각지 말라. 여러분의 몸은 영혼과 함께 죄를 지었다. 영혼이 심판 받을 때, 몸도 함께 심판 받게 될 것이다. 하나님은 "몸과 영혼을 능히 지옥에 멸하실 수 있는" 분이다마 10:28.

성경은 작은 자나 큰 자나 모든 죽은 자들이 다시 일어날 것이라고 말한다. 천사장의 나팔 소리가 울려 퍼질 때, 노아 홍수 때에 죽은 모든 영혼은 바다로부터 일어날 것이다. 묻혀 버린 왕궁과 무너진 집들은 땅에 묻힌 수많은 이들을 토해 낼 것이다.

지난 수천 년간 바닷속 끝없이 깊은 곳에 잠겨 있던 수많은 사람도 다시 일어날 것이다. 심지어 기독교 예식에 따라 교회 뒤뜰에 묻힌 수많은 비그리스도인들도 다시 일어날 것이다. 전쟁터는 피와 폭력으로 숨진 수많은 이들을 토해낼 것이며, 사람이 살다가 죽은 모든 곳에서 죽은 이들이 다시 일어날 것이다. 육체에 다시 한 번 생명이 깃들 것이다.

그러나 가장 중요한 사실은 여러분이 거기 있게 될 것이라는 사실이다. 영혼이 정죄 받는 것 다음으로 가장 끔찍한 저주는 여러분의 몸이 다시 부활하게 된다는 사실이다.

여러분의 몸으로 마음껏 향락을 누리라. 마음껏 욕망을 탐닉하며 즐기라. 여러분에게는 잠깐 동안 환락을 누릴 시간이 있다.

그러나 그 시간이 지나면, 여러분에게는 마셔야 할 또 다른 잔이 있다. 그것은 하나님의 진노의 잔이다. 악한 자들은 그 마지막 한 방울까지 다 마셔야 한다. 지금 음악으로 여러분의 귀를 만족시키라. 곧 저주 받은 자들의 절규만 듣게 될 것이다. 마음대로 살라. 먹고, 마시고, 즐기라. 그러나 이 모든 것에 대해서 주님은 여러분을 심판하실 것이다. 모든 죄악을 따른 쾌락에 대해 일곱 배나 갚으시며, 일곱의 일흔 배까지도 갚으실 것이다. 크고 놀라운 진노의 날에 여러분의 정욕의 기쁨과 죄악과 범죄에 대해서 주님이 복수하실 것이다. 그러므로 죄인들이여, 죄 지을 때 부활을 기억하라.

요한계시록 20장을 보면 부활 후에 심판이 있음을 알 수 있다. 여러분은 하나님을 저주했으며 부도덕과 간통의 방으로 들어갔다. 더럽고 냄새나는 매음굴로 걸어 갔으며 죄를 향해 뛰어들었다. 마치 밤이 낮을 삼키듯이 죽음의 밤이 여러분의 추악한 삶을 다 덮어 버릴 것이라고 생각했다. 그러나 그렇지 않다. 여러분의 모든 삶이 기록된 책은 결국 펼쳐질 것이다.

심판주가 여러분의 역사가 기록된 책을 펼치실 때, 여러분은 감히 눈을 뜨지 못할 것이다. 가장 대담한 사람조차 이렇게 울부짖을 것이다. "바위여 내 위에 떨어지라." 죄인들은 복수하시는 분의 눈앞에 서느니, 차라리 바위에 짓이겨지기를 바랄 것이다. 그러나 산들은 움직이지 않을 것이며, 조금도 연민의 정을 느끼지 않고 꿈쩍도 하지 않을 것이다. 여러분은 거기에 서 있을 것이며 심판주의 불꽃같은 눈이 여러분을 속속들이 꿰뚫어 보실 것이고 무시무시한 목소리는 여러분의 모든 행동과 말과 생각을 낱낱이 드러낼 것이다.

여러분의 모든 수치스러운 범죄가 낱낱이 밝혀질 때 모든 사람과 천사들이 그것을 들을 것이다. 너무도 명명백백한 추악한 행위들이 밝혀질 때, 여러분은 공포에 빠질 것이다. 여러분의 모든 생각, 욕정, 행동으로 옮기지 못한 살의까지 밝혀질 것이다. 벽에 쓰인 글을 보고 무릎이 서로 부딪치며 공포에 빠진 벨사살 왕처럼 경악하게 될 것이다단 5:6.

그렇게 될 것이다. 여러분은 끊임없이 그렇게 끔찍하게 외치게 될 것이다. "보좌에 앉으신 이의 얼굴에서와 그 어린 양의 진노에서 우리를 가리라"계 6:16.

Alcorn

"죄 지을 때 부활을 기억하라."

　여러분도 나처럼 스펄전의 설교를 듣고 몸서리칠 것이다. 내가 전율하는 이유는 그것이 사실이기 때문이다. 하나님의 말씀은 그것을 확증한다. 스펄전은 지옥보다 천국에 대해서 말하는 것이 더 즐거웠을 것이다. 나 역시 그렇다. 그러나 그는 하나님의 모든 말씀을 증거 했기 때문에, 지옥에 대해서도 이야기해야 했고, 실제로 그렇게 했다.

　나 역시 선택권이 있다면, 즉 성경이 그렇게 분명하게 이야기하지 않는다면, 지옥의 존재를 믿고 싶지 않다. 나는 정말 그것을 믿고 싶지 않다. 그러나 내 자신 또는 다른 사람이 하나님을 믿는 믿음의 근거가 된다면, 나는 자기와 문화를 따르는 사람이지 그리스도를 따르는 사람이 아닐 것이다. 나는 거룩해져야 하며, 지옥 역시 존재해야만 한다. 회개하지 않는 죄인들이 있다는 것은 사실이기 때문이다.

　소설가 도로시 세이어즈Dorothy Sayers는 "일종의 음모가 있는 것 같다"고 말한다. "지옥의 교리를 잊어버리거나 감추려는 경향이 있다. 지옥의 교리는 사람들을 겁주어서 교회에 돈을 바치게 하려는 중세의 모략이 아니다. 그것은 죄에 대한 그리스도의 의도적인 심판이다. 우리는 그리스도를 부정하지 않고

서는 지옥을 부정할 수 없다."

《고통의 문제 The Problem of Pain》에서 C. S. 루이스는 지옥에 대해 이렇게 기술한다. "만약 할 수만 있다면, 기독교의 교리 중에서 이보다 더 없애 버리고 싶은 교리도 없다. 그러나 성경이 그것을 확실히 지지하며, 특별히 주님이 그것을 직접 지지하신다. 기독교는 언제나 그것을 지지해 왔고, 거기에는 그럴 만한 충분한 이유가 있다."

많은 이의 바람과는 달리, 천국은 누구나 자동적으로 가는 곳이 아니다. 죄의 문제가 해결되지 않으면, 자동적으로 가는 곳은 지옥이다. 그러니 천국으로 갈 것이라고 막연하게 믿는 것은 정말 위험한 일이다. 대부분의 장례식에서 듣게 되는 말로 판단한다면 거의 모든 이는 천국에 갈 것처럼 느껴지지 않는가? 미국인 중에 자신이 지옥에 갈 것이라고 믿는 사람이 한 명이라면 천국에 간다고 믿는 사람은 120명이나 된다. 이런 낙관적인 생각은 마태복음 7장 13-14절에 나오는 그리스도의 말씀과는 심각한 대조를 이룬다. "좁은 문으로 들어가라 멸망으로 인도하는 문은 크고 그 길이 넓어 그리로 들어가는 자가 많고 생명으로 인도하는 문은 좁고 길이 협착하여 찾는 자가 적음이라."

이전의 묵상에서 스펄전은 많은 사람이 천국에 가리라고 하지 않았던가? 그렇다. 그러나 역시 많은 사람이 지옥에 갈 것이다. 루이스의 《스크루테이프의 편지》에서는 한 악마가 다른 악마에게 이렇게 말한다. "지옥에 이르는 가장 확실한 길은 점진적인 길이다. 완만한 경사와 부드러운 흙에 급회전도 없고 이정표나 표지판도 없는 그런 길이다."

지옥은 만화책에 나오는 그런 모습이 아닐 것이다. 큰 광장에 둘러 앉아 술을 마시며 이 땅에서 저질렀던 비행에 대해 담소를 나누는 그런 곳이 아니다. 오히려 극심한 고통의 장소이다마 13:42, 50, 22:13, 24:51, 25:30, 눅 13:28. 죄에 대해서는 의도적이며 분명한 형벌이 있으며, 벗어날 가망이 전혀 없는 곳이다. 단테가 《인페르노Inferno》에서 지옥 문 위에 이런 표지판이 새겨져 있다고 말한 이유도 바로 그것이다. "이곳에 들어가는 자는 모든 희망을 버릴지어다."

여러분이 지옥이 아니라 천국에 가는 것은 너무도 중차대한 문제다. 이렇게 속삭이는 목소리가 있다. "서두르지 마. 책은 덮어 둬. 나중에 생각해도 돼." 그것은 하나님의 목소리가 아니다. 하나님은 이렇게 말씀하신다. "지금은 구원의 날이로다"고후 6:2. "너희가 섬길 자를 오늘 택하라"수 24:15.

CHAPTER 8

천국에는 죄의 자리가 없다

보좌에 앉으신 이가 이르시되 보라 내가 만물을 새롭게 하노라 하시고
또 이르시되 이 말은 신실하고 참되니 기록하라 하시고
또 내게 말씀하시되 이루었도다 나는 알파와 오메가요 처음과 마지막이라
내가 생명수 샘물을 목마른 자에게 값없이 주리니
이기는 자는 이것들을 상속으로 받으리라
나는 그의 하나님이 되고 그는 내 아들이 되리라
그러나 두려워하는 자들과 믿지 아니하는 자들과 흉악한 자들과 살인자들과
음행하는 자들과 점술가들과 우상 숭배자들과 거짓말하는 모든 자들은
불과 유황으로 타는 못에 던져지리니 이것이 둘째 사망이라

요한계시록 21:5-8

천국에 죄가 있다면 여전히 천국일 수 있을까? 우리는 천국에서 죄의 결과뿐 아니라 지금 우리를 하나님으로부터 멀어지게 하며 끊임없이 우리를 괴롭히는 죄의 본성으로부터 완전히, 그리고 영원히 자유롭게 될 것이다.

Spurgeon

교회는 얼마나 거룩하게 될 것인가. 그 안에 다시는 성전이 없을 것이다. 왜냐하면 그 자신이 성전이 될 것이기 때문이다. 거룩한 일을 위해 예비된 곳도 없을 것이다. 왜냐하면 모든 것이 "여호와께 성결"슥 14:20이 될 것이기 때문이다. 하나님이 만유 안에 계시며, 이것이 교회의 기쁨이 될 것이다. "하나님의 영광이 비치고 어린 양이 그 등불이 되심이라"계 21:23.

형제자매들이여, 지금 여기 있는 교회의 영광도 임재하시는 하나님으로부터 나오는 것이다. 그렇다면 하나님의 영광이 아침 햇빛같이 비치며, 하나님의 보좌로부터 나오는 충만한 광채를 눈으로 목격하고, 영혼이 힘을 얻게 될 때는 과연 어떻겠는가? 입으로 그 영광을 표현할 수 없는 이유는 우리의 지각으로 그것을 다 상상할 수 없기 때문이다.

여호와의 얼굴을 보게 될 복된 사람들 속에 내 이름을 기록하소서. 살아 계신 하나님, 내 영혼은 당신을 갈망하나이다. 당신의 임재 속에 거하는 것이 내 영혼이 누리는 최상의 기쁨이옵니다. 당신이 계신 곳에 함께 있으며, 당신의 영광을 목도하는 것이 최상의 천국입니다. 이것 외에 다른 무엇을 바랄 수 있겠나이까.

하나님이 세상을 처음 창조하셨을 때, 이 세상은 얼마나 아름다웠던가. 아침 이슬은 더없이 영롱했고 하나님이 만드신 햇빛으로 그녀는 환히 빛났다. 성도들이여, 이 아름다움이 더럽혀지지 않도록 깨어서 단단히 경계하라.

아, 땅이여 너는 기쁨의 동산이 될 수 있었는데, 그 대신 피로 물들었다. 이제 너는 거대한 무덤이며, 한 때는 완전한 생명체였던 사람의 몸이 이제 다 흙으로 돌아갔다. 너는 창조주를 찬양하며 밝게 빛나는 별들로 가득 찬 하늘과 같을 수 있었다. 하지만 이제 에덴은 단지 이름만 남긴 채, 밤의 환상처럼 사라져 버렸다.

우리는 악이 처음 세상에 아예 들어오지 않았기를 진심으로 바라는 그 마음으로, 악이 새 땅을 오염시키고자 할 때 단호하게 거부해야 한다. 새 하늘 아래서도 반역의 영이 평온한 푸른 창공을 날아다니게 될까? 보석으로 된 거룩한 도성의 성벽이 원수들에 의해서 무너지게 될까? 주님이 다시 만드신 천국의 에덴동산에 뱀이 그 더러운 흔적을 또 남기게 될까? 결코 그럴 수 없다!

다시 만드신 세상의 순결과 거듭난 교회의 완전과 하나님의 임재의 위엄을 위해서는 모든 죄악된 것이 완전히 소멸되어야만 한다. 모든 하늘과 하늘에 있는 것들이 외친다. "법령을 공포하고, 확실히 시행하라. 더러운 것은 결코 그 안으로 들어갈 수 없다."

형제자매들이여, 하나님의 나라에는 죄악이 결코 들어갈 수 없으며, 그것이 바로 영화롭게 된 교회가 누리는 기쁨의 본질이다. 죄악은 완전히 격리된다. 본문의 규례가 취소되거나 보류되고, 거듭나지 못한 남녀가 영화로운 하나님의 교회에 들어올 수 있다고 상상해 보라. 게다가 그들이 얌전한 종류의 죄인이라고 상상해 보라.

하나님의 이름을 대놓고 욕되게 하는 자들이 아니라, 하나님의 영광에 무관심하며 무덤덤하게 형식적으로 하나님을 찬송하는 그런 부류의 사람이라고 가정해 보라. 어떻게 천국에 그런 사람이 있을 수 있겠는가?

이렇게 차지도 덥지도 않은 자들은 그리스도와 그의 백성 모두를 병들게 한다. 살아 있는 몸 안에 죽은 뼈 조각이 들어가면 걱정과 고통과 질병을 유발하듯이, 이 거룩하지 않은 일단의 무리들이 어떤 문제와 고통을 초래할지 알 수 없다.

거룩한 백성은 다시 악의 존재로부터 유혹받을 수 있다는 생각만으로도 경악한다. 순수한 순금 길에 하나님의 법을 순종하지 않는 자들의 발길이 닿지 않도록 속히 진주문에 빗장을 지르고, 다시는 열지 말라. 하나님은 시온의 방들이 지극히 높고 거룩하신 이름을 사랑하지 않는 단 하나의 영혼에 의해서라도 더럽혀지는 것을 허락하지 않으신다.

어떤 종류의 악이라도 존재한다면 천국은 천국이 될 수 없다. 그러므로 하나님의 법령은 굳게 서야 한다. 거룩하지 않은 그 어떤 것이라도 천국에 들어오는 것은 천국을 파괴하는 일이요, 성도에게 잔인한 일이다.

하나님의 나라에는 죄악이 결코 들어갈 수 없으며, 그것이 바로 영화롭게 된 교회가 누리는 기쁨의 본질이다.

Alcorn

나는 스펄전의 주장에 대해 성경이 분명하게 말씀하고 있다고 확신한다. 비록 천국에서도 우리에게 선택의 자유가 있겠지만, 우리가 죄를 짓는다는 것은 불가능할 것이다. 요한계시록 21장 4-5절을 생각해 보라. "모든 눈물을 그 눈에서 닦아 주시니 다시는 사망이 없고 애통하는 것이나 곡하는 것이나 아픈 것이 다시 있지 아니하리니 처음 것들이 다 지나갔음이러라 보좌에 앉으신 이가 이르시되 보라 내가 만물을 새롭게 하노라 하시고 또 이르시되 이 말은 신실하고 참되니 기록하라 하시고."

사망, 애통하는 것, 곡하는 것, 아픈 것의 원인이 되는 죄악이 다시는 존재하지 않을 것인지에 대한 이유가 그 다음에 나온다. 왜냐하면 옛 질서가 완전히 지나가고, 하나님이 근본적으로 새롭게 변화된 새로운 질서로 그것을 대체할 것이기 때문이다. 천국에 있는 자는 다시는 타락을 염려할 필요가 없다.

"죄의 삯은 사망"롬 6:23이기 때문에 새 땅에서 더 이상 사망이 없다는 약속은 더 이상 죄가 없다는 말과 같은 뜻이다. 죄인은 반드시 죽어야 하기 때문에, 다시는 죽지 않으리라는 약속을 받은 사람은 다시는 죄 짓지 않으리라는 약속을 받은 것과 같다.

어떤 이가 이에 대해 반론할지 모른다. "아담과 하와도 죄가 없었지만 죄를 지었잖아요. 똑같은 일이 다시 일어날 수 있지 않을까요?"

부활한 하나님의 성도들의 경우는 아담과 하와와는 매우 다르다. 첫 남자와 여자는 죄가 없었지만, 의롭지는 않았다. 그들은 그리스도의 속죄로 인한 공로로 의롭게 된 것이 아니었다. 반면 천국에 있는 모든 사람은 그리스도를 통해 의롭게 되었다. "한 사람이 순종하지 아니함으로 많은 사람이 죄인 된 것 같이 한 사람이 순종하심으로 많은 사람이 의인이 되리라"롬 5:19.

우리가 그리스도의 의를 가지고 있음에도 불구하고 천국에서 죄를 지을 수 있다고 하는 것은 그리스도께서 죄를 지을 수 있다고 말하는 것과 같다. 하나님은 우리를 죄뿐만 아니라 죄에 대한 취약성으로부터 완전히 구원하신다. 성경은 그리스도께서 죄의 문제를 단번에 해결하셨으며, 또 다시 죽으실 필요가 없다는 사실을 강조한다히 9:26-28, 10:10, 벧전 3:18.

우리는 새로운 본성을 충만히 경험하게 될 것이며, 따라서 하나님은 우리를 그리스도 안에서 "하나님의 의가 되게" 하실 것이다고후 5:21. 우리는 하나님의 의를 갖게 될 것이기 때문에 천국에서 죄를 짓지 않을 것이다. 하나님이 죄를 지으실 수 없는 이유와 같은 이유이다.

하나님은 그러실 수 없다. "그가 거룩하게 된 자들을 한 번의 제사로 영원히 온전하게 하셨느니라"히 10:14. 그리스도께서 자신의 피를 대가로 주고 우리에게 영원히 "죄 지을 수 없는 무능력"을 사주셨다.

죄악이 천국에 발을 들여놓을 수 없으며 우리에게 아무런 영향을 미치지 못한다는 사실은 예수님의 말씀에도 잘 나타나 있다.

> "인자가 그 천사들을 보내리니 그들이 그 나라에서 모든 넘어지게 하는 것과 또 불법을 행하는 자들을 거두어 내어 풀무 불에 던져 넣으리니 거기서 울며 이를 갈게 되리라 그 때에 의인들은 자기 아버지 나라에서 해와 같이 빛나리라 귀 있는 자는 들으라" 마 13:41-43.

부활하기 전, 현재의 천국에서도 성도들은 죄를 짓지 않는다. 왜냐하면 그들은 "온전하게 된 의인의 영들"이기 때문이다히 12:23. 궁극적으로 우리는 "썩지 아니할 것"으로 부활하게 될 것이다고전 15:52. 썩지 아니할 것Incorruptible이란 말은 썩지 않은 것uncorrupted이란 말보다 더 강력한 단어다.

우리의 부활한 몸은 부패로부터 전혀 영향을 받지 않을 것이다. 천국에는 악한 욕망과 부패가 없을 것이며, 우리는 그리스도의 온전하심에 완전히 참여하게 될 것이다. 우리는 천국에서 진정한 자유를 누릴 것이며, 그것은 다시는 죄 짓지 않는 의로운 자유이다.

우리가 죄를 지을 수 없다는 것은 우리에게 자유로운 선택권이 없다는 말이 아니다. 비록 하나님은 죄를 지으실 수 없지만, 그 어느 존재보다 자유로우신 존재라는 것을 기억하라.

하나님은 우리의 선택할 수 있는 능력을 거두어 가실 필요가 없다. 그분은 우리를 죄악으로부터 제지할 필요가 없다. 우리는 죄에 전혀 끌리지 않을 것이다. 죄는 생각조차 하기 싫을 것이다. 이 땅에서의 죄악과 고통의 기억은 죄의 공포와 공허함을 영원히 상기시켜 줄 것이다.

신학자 폴 헬름Paul Helm은 이렇게 기술한다. "천국의 자유는 곧 죄로부터 자유이다. 믿는 사람은 우연히 죄로부터 자유롭게 되는 것이 아니라, 다시는 죄 지을 수 없도록 다시 만들어지는 것이다. 그는 죄를 짓고 싶지 않으며, 죄를 짓고 싶은 생각조차 원하지 않는다."

우리가 그리스도 안에서 하나님이 원래 의도하셨던 존재가 되고 그분의 모습을 뵐 때, 우리는 죄를 포함해서 모든 것의 의미를 이해하게 될 것이다.

We Shall See God

CHAPTER 9

천국의 초대장

밤중에 소리가 나되 보라 신랑이로다 맞으러 나오라 하매
이에 그 처녀들이 다 일어나 등을 준비할새
미련한 자들이 슬기 있는 자들에게 이르되 우리 등불이 꺼져 가니
너희 기름을 좀 나눠 달라 하거늘 슬기 있는 자들이 대답하여 이르되
우리와 너희가 쓰기에 다 부족할까 하노니
차라리 파는 자들에게 가서 너희 쓸 것을 사라 하니
그들이 사러 간 사이에 신랑이 오므로
준비하였던 자들은 함께 혼인 잔치에 들어가고 문은 닫힌지라
그 후에 남은 처녀들이 와서 이르되 주여 주여 우리에게 열어 주소서
대답하여 이르되 진실로 너희에게 이르노니
내가 너희를 알지 못하노라 하였느니라 그런즉 깨어 있으라
너희는 그 날과 그 때를 알지 못하느니라

마태복음 25:6-13

우리 모두는 절세의 결혼 잔치에 초대 받았다. 그러나 초대 받은 것으로 다 된 것이 아니다. 답장을 보내야 한다. 결혼식 날 우리의 이름이 하객 명단에 있을까?

Spurgeon

그리스도가 하나님이라면, 그리고 하나님의 신성이 충만한 아기의 몸으로 나시었고, 참 하나님과 참 사람이 되셔서 십자가에서 자신의 몸에 나의 죄를 다 지시고 내 대신 죄의 형벌을 모두 당하신 것이 사실이며, 이것을 내가 받아들였다면, 나는 비로소 내 허물이 용서 받고 내 죄가 깨끗이 씻겼음을 알게 된 것이다.

이 사실이 없이 내 양심은 쉬지 못한다. 그리스도가 날 대신하여 즉, 죄 지은 자 대신에 죄의 형벌을 당하시고, 무덤에 눕히신 이 진리만이 나에게 충만한 위로가 된다.

내 죄를 지신 하나님의 어린 양이여, 내가 이제 하늘에 들어가나이다. 나는 불꽃같은 눈을 두려워하지 않을 것이다. 나는 흠이나 점이나 그런 것이 없을 것이다. "어린 양의 피에 그 옷을 씻어 희게 하였느니라"계 7:14. 이것이 우리의 제일 큰 위로다. "그를 믿는 자는 심판을 받지 아니하는 것이요"요 3:18. 주님을 믿는 자는 모세의 율법으로는 의롭게 될 수 없는 모든 것으로부터 의롭게 된다.

"그러므로 이제 그리스도 예수 안에 있는 자에게는 결코 정죄함이 없나니"롬 8:1. 우리의 모든 죄가 없어지고, 우리의 타락한 본성이 완전히 바뀌기 전에는 하나님을 아는 것도, 하나님과의 교제도, 하나님을 기뻐하는 것도 없다. 이것이 가능한가? 가능하다.

그리스도를 믿는 것은 그분의 피를 믿는 것 외에 또 이분을 믿는 것과 같다. 이분은 우리 영혼 속에서 우리를 새롭게 하시는 분이다. 이분은 우리가 머리 숙여 경배하는 분 곧, 아버지로부터 나오시는 성령님이다. 우리가 예수님을 믿으면, 성령님이 우리 마음속에 들어오셔서 우리 안에 새 생명을 창조하신다.

이 생명은 옛 생명 또는 옛 죽음에 대항해서 싸우면서 힘을 기르고 성장한다.

여러분 안에 이 성령님을 느끼는가? 우리는 그분의 능력 아래 있지 않으면 멸망한다. 그리스도의 영이 없는 사람은 그리스도께 속한 자가 아니다. 마지막 죽음의 순간에 우리를 위해 모든 것이 한 번에 신비하게 성취되는 것이 아니다. 그것은 삶을 통해서 매일의 행동을 통해서 이루어진다.

이 땅에서의 마지막 순간에 성도에게 얼마나 많은 일이 이루어질 것인지는 나도 잘 모르겠다. 하지만 이것만은 분명하다. 진정한 신자에게 죄를 정복하는 것은 믿는 순간부터 시작되어야 하는 일이며, 평생을 통해 이루어져야 할 사안이다. 하나님의 영이 우리 안에 거하시면, 우리는 육체를 따르지 않고 성령을 따르며, 옛 본성의 정욕을 부인한다. 이제 정욕과 교만과 모든 악한 것을 짓밟아야 한다. 그렇지 않으면 이런 죄악이 오히려 우리를 영원히 짓밟게 될 것이다.

여러분, 우리가 결코 거기에 들어갈 수 없다고 상상해 보라. 만약 회개하지 않으면 그 상상이 곧 사실이 될 것이다. 처녀의 비유에는 끔찍한 말씀이 나온다. "문은 닫힌지라." 남은 처녀들이 이렇게 말한다. "주여 주여 우리에게 열어 주소서." 그러나 주님은 이렇게 대답한다. "진실로 너희에게 이르노니 내가 너희를 알지 못하노라"마 25:10-12.

우리 중에도 등불을 들고 문 밖에 서서 이런 말씀을 듣게 될 사람이 있을까? "나는 너희가 어디에서 온 자인지 알지 못하노라"눅 13:25.

이 질문을 심각하게 고민하기 바란다. 여러분은 이 문제를 생각할 시간이 얼마나 많이 남아 있는지 알지 못한다. 지난주에 여기 있던 분들 중에 우리를 떠난 분도 있다. 어떤 주간에는 우리 교인 중 일곱 분이 세상을 떠난 적도 있다. 우리는 죽어 가고 있다. 잠시 후면 우리 모두는 이 세상을 떠날 것이다.

죽어 가는 여러분에게 나는 살아 계신 하나님의 말씀으로 권면한다. 이런 치명적인 외침을 듣지 않게 하라. "이미 너무 늦었다. 너는 여기 들어올 수 없다."

영원에는 연옥이 없다. 성경은 이렇게 말씀한다. "무엇이든지 속된 것이나 가증한 일 또는 거짓말하는 자는 결코 그리로 들어가지 못하되"계 21:27. "주여, 주여" 하는 울부짖음이나 애씀, 눈물, 지옥의 고통조차도 회개하지 않고 이 세상을 떠난 영혼의 죄를 씻지는 못하며, 그를 천국의 거룩한 교회에 참여할 수 있게 하지 못한다.

오, 하나님, 우리 가운데 아무도 쫓겨나지 않게 하소서. 그리스도의 이름으로 기도하나이다. 아멘.

Alcorn

가수인 루사나 메츠거Ruthanna Metzgar의 경험은 생명책에 우리의 이름이 기록되는 것이 얼마나 중요한가를 보여준다.

몇 년 전에 그녀는 어느 부자의 결혼식 축가에 초대됐다. 초대장에 따르면, 피로연은 미 서북부 지역에서 가장 높은 빌딩인 시애틀 컬럼비아 타워의 꼭대기 두 개 층에서 있을 예정이었다. 그녀와 남편 로이Roy는 신이 났다.

피로연에는 턱시도를 입은 웨이터들이 전채 요리와 음료를 서빙하고 있었고, 신랑과 신부는 유리로 만들어진 계단을 통해서 꼭대기 층으로 올라가고 있었다. 누군가 계단 입구에 드리워져 있던 리본을 절단했고 피로연의 공식적인 시작을 알렸다. 신부와 신랑은 계단으로 올라가고, 그 뒤로 하객들이 따라갔다.

계단 꼭대기에는 지배인이 문 밖에서 명부를 들고 하객들을 맞았다.

"이름이 어떻게 되시는지요?"

"나는 루사나 메츠거이고, 이쪽은 남편 로이에요."

지배인은 그녀의 이름을 찾기 시작했다.

"없는데요? 이름의 철자가 어떻게 되는지요?"

그녀는 자신의 이름을 천천히 불러 주었다. 찾아보더니, 지배인은 이렇게 말했다.

"죄송합니다. 여기에 이름이 없습니다."

루사나가 대답했다.

"착오가 있는 것 같아요. 저는 가수에요. 결혼식에서 축가를 불렀다고요."

그는 이렇게 대답했다.

"귀하가 누구인지, 무엇을 하셨는지는 상관이 없습니다. 명부에 이름이 없는 이상은 만찬에 들어가실 수 없습니다."

그는 곁에 있던 웨이터에게 말했다.

"이분들을 나가는 엘리베이터로 안내해 드리게."

메츠거 부부는 그 웨이터를 따라서 새우와 통구이 연어, 멋진 얼음 조각이 놓인 테이블을 지나갔다. 만찬장 근처에는 오케스트라가 연주를 준비하고 있었고, 단원들은 모두 눈부신 하얀 턱시도를 입고 있었다.

웨이터는 루사나와 로이를 엘리베이터에 태웠고, 주차장이 있는 층의 버튼을 눌렀다.

차에 올라탄 후, 침묵 속에 몇 마일을 운전해 가다가 로이가 루사나의 팔을 잡고 부드럽게 물었다.

"여보, 어떻게 된 거야?"

"초대장이 왔을 때, 제가 좀 바빴어요."

루사나가 대답했다.

"답장하기가 귀찮았죠. 게다가 나는 가수잖아요. 답장 없이도 피로연에 참석할 수 있을 줄 알았어요."

루사나는 울기 시작했다. 가장 화려한 만찬을 놓쳐 버렸기 때문이기도 했지만, 그리스도 앞에서 자신의 이름이 어린 양의 생명책에 기록되지 않은 것을 발견하는 것이 어떤 것일지를 조금이나마 맛보았기 때문이었다.

고대 도시들은 범죄자나 적들이 도시로 들어오지 못하게 하기 위한 자위책으로 시민들의 명부를 기록했다. 성문의 경비병들은 출입자의 이름을 명부에서 확인했다. 이것이 요한계시록 21장 27절의 배경이다. "무엇이든지 속된 것이나 가증한 일 또는 거짓말하는 자는 결코 그리로 들어가지 못하되 오직 어린 양의 생명책에 기록된 자들만 들어가리라."

시대를 막론하고 수많은 사람들이 그리스도의 혼인 잔치에 초대 받았지만, 너무 바빠서 응답하지 않았다. 많은 사람들이 교회에 다니고 세례를 받고 성가대에서 노래를 부르고 구제 봉사를 하는 등의 선행이면 천국에 들어갈 자격이 충분하리라고 믿는다. 그러나 죄를 용서해 주시는 그리스도의 초대에 응하지 않는 사람은 어린 양의 생명책에 그 이름이 기록될 수 없다. 천국의 혼인 잔치에 들어갈 수 없다는 것은 영원히 지옥으로 쫓겨난다는 것을 의미한다.

그 날에는 어떤 설명이나 변명도 통하지 않는다. 중요한 것은 우리의 이름이 생명책에 들어 있는가 하는 점이다. 그렇지 않다면 우리는 쫓겨날 것이다.

스펄전은 교회 사람들과 믿지 않은 대중을 향한 연민의 마음으로 그들의 삶과 믿음을 점검하라고 권면한다. 그는 모든 사람이 천국 아니면 지옥으로 가게 된다는 것을 알았다. 이 설교에는 스펄전의 절박성이 더욱 두드러져 보인다. 이 주간에 교인 중 열한 명이 세상을 떠났기 때문이다. 물론 큰 교회였지만, 그래도 많은 숫자임에 틀림없다.

스펄전은 말한다. "우리는 모두 죽어 가고 있다. 머지않아 우리 모두는 이 세상을 떠날 것이다." 준비된 사람에게는 전혀 놀라운 말이 아니지만, 그렇지 않은 이에게는 엄중한 경고의 메시지다.

여러분은 그리스도의 혼인 잔치와 그의 집에서 영원히 함께 살게 될 초대에 참석하겠다고 응답했는가? 그렇다면, 기뻐할 이유가 충분하다. 천국의 문은 여러분에게 열려 있다.

하지만 아직 응답을 미루고 있다면, 또는 그리스도의 초대에 응답하지 않고도 천국에 들어갈 수 있다고 생각한다면, 언젠가 여러분은 크게 후회하게 될 것이다.

영원한 운명을 지금 결정하라. 그리스도께서 기꺼이 당신의 결단을 축복하실 것이다.

We Shall See God

CHAPTER 10

주님과 함께 다스릴 준비

그러므로 내가 택함 받은 자들을 위하여 모든 것을 참음은
그들도 그리스도 예수 안에 있는 구원을
영원한 영광과 함께 받게 하려 함이라
미쁘다 이 말이여 우리가 주와 함께 죽었으면 또한 함께 살 것이요
참으면 또한 함께 왕 노릇 할 것이요
우리가 주를 부인하면 주도 우리를 부인하실 것이라

디모데후서 2:10-12

여러분의 지난 삶을 되돌아보면, 언젠가 하나님이 여러분을 세워 땅을 다스리게 하신다는 사실이 믿기지 않을지도 모른다. 그러나 우리가 그리스도의 피로 구속을 받는다면, 하나님은 그렇게 할 수 있도록 우리를 준비시키신다고 선포하신다.

Spurgeon

여기에 방이 하나밖에 없는 가난한 사람이 있다. 그의 주머니에는 돈이 없지만, 하나님이 보시기에는 부유한 왕이다. 과거에 술꾼이었던 사람도 있다. 그 악을 극복하기 쉽지 않았다. 서약하고 푸른 리본을 달고 여러 가지를 했지만 여전히 술꾼으로 되돌아갔다. 그러나 하나님의 은혜로 그것을 뿌리쳤으며 그는 새 마음과 새 정신을 갖게 되었다.

불같은 성격을 가졌던 사람도 있다. 그와 함께 사는 것은 힘든 일이었지만, 그리스도가 그를 변화시키셨다. 이제 그는 자신의 성격을 다스릴 줄 아는 왕이다. 자신을 다스리는 것은 대단한 일이다. 수많은 사람들을 다스리고도 자신을 다스리지 못하는 사람이 있다. 불쌍한 인간들이다. 여러분의 성격을 다스릴 수 있게 되었다면 하나님께 감사하라. 그것은 영광스러운 정복이다.

그리스도는 자신의 모든 백성을 제사장으로 만드셨다. 하나님의 모든 자녀는 제사장이다. 그러므로 우리는 앞으로 이것을 기대한다. "그들이 땅에서 왕 노릇 하리로다"계 5:10.

그 날이 오면, 그리스도 안에서 죽은 자들이 먼저 일어날 것이다. 그들이 일어날 때, 아직 살아 있는 남겨진 성도들도 그들에게 동참할 것이다. "그 나머지 죽은 자들은 그 천 년이 차기까지 살지 못하더라"계 20:5. 그 다음에 성도들이 땅을 다스리게 될 것이다. 그들은 왕 같이 살 것이며, 왕의 기쁨, 즐거움, 명예를 누릴 것이다. 아니, 그것을 훨씬 능가할 것이다.

여러분은 이런 삶을 기대하는가? 주님을 알고, 그리스도께서 자신을 제사장과 왕으로 삼으셨으며, 주님과 함께 땅을 다스릴 것과 영광 가운데 영원히 다스릴 것을 아는 사람이라면 이것이 가슴 뛰는 소망을 안고 사는 삶이다.

하지만 가난하고, 천하고, 무지한 사람에게는 그것이 무척 어색한 일이다. 여기 있는 어떤 사람들에게는 이것이 완전히 정신 나간 소리이다. 자신을 위하여 살았던 자는 결코 땅을 다스리지 못한다. 이기적이며, 다른 사람을 쇠굽으로 짓밟는 자는 결코 그러지 못할 것이다. 그런 자는 돈을 끌어 모으기 위해서 살았고, 명예를 위해서, 자기 정열을 위해서 살았으며, 다른 사람들에게 복수하면서 살았다. 그런 사람은 이 땅을 다스릴 수가 없다.

하지만 하나님이 우리를 온유하고 겸손하며 경건하고 순결하게 하시면, 우리는 왕과 제사장으로 부르심 받기에 합당하게 될 것이며, 그 날에 이 땅을 다스리게 될 것이다.

"온유한 자는 복이 있나니 그들이 땅을 기업으로 받을 것임이요"
마 5:5.

여기 모든 분들도 자신이 그 복된 사람 편에 들어갈 수 있을지 돌이켜 보기 바란다.

여러분은 그리스도를 여러분의 중보자로 즐겁게 받아들이는가? 여러분은 자신을 얽매던 옛 습관으로부터 벗어났는가? 자신을 다스릴 수 있는 능력을 하나님이 주셨는가? 여러분은 지속적으로 하나님을 섬기는 제사장으로 사는가?

여러분들이 이 모든 질문에 계속 "아니오"라고 대답할 수밖에 없다면, 내가 달리 무슨 말을 할 수 있겠는가.

"그리스도께로 오라." 오늘 밤에 주님께로 오기 바란다. 주님이 오늘 밤 여러분 안에서 여러분을 빛의 성도들과 함께 기업을 상속받을 자로 만들어 가시도록 예수님의 이름으로 기도한다.

Alcorn

인류가 땅을 다스리는 것은 성경의 첫 부분에 나와 있으며, 구약 성경 전체에서 언급하고 있다. 신약에서도 예수님은 복음서를 통해, 바울은 서신서를 통해 확증하고 있으며, 요한은 성경의 마지막 부분에서 다시 반복하고 있다. 성경에서 이렇게 많이 강조한다면 우리는 그것을 무시해서는 안 될 것이다.

인간 왕국은 성쇠를 거듭하지만, 그리스도께서 그것을 대체하여 세우시는 왕국은 영원하며, 인류는 주님의 의로 그것을 다스릴 것이다. 장래에 있을 메시아의 다스림에 대하여 성경은 이렇게 말하고 있다. "그에게 권세와 영광과 나라를 주고 모든 백성과 나라들과 다른 언어를 말하는 모든 자들이 그를 섬기게 하였으니 그의 권세는 소멸되지 아니하는 영원한 권세요 그의 나라는 멸망하지 아니할 것이니라"단 7:14.

예수님은 비유를 통해 고을을 다스리는 것에 대해 말씀하신 다눅 19:17. 또한 제자들에게 말씀하셨다. "내 아버지께서 나라를 내게 맡기신 것 같이 나도 너희에게 맡겨 너희로 내 나라에 있어 내 상에서 먹고 마시며 또는 보좌에 앉아 이스라엘 열두 지파를 다스리게 하려 하노라"눅 22:29-30. 이것은 정말 놀라운 말씀이다. 잠시 경외감 속에서 상고해봐야 한다. 그리스도께서 우리에게 왕국을 주신다?

주님은 제자들에게만 이 약속을 주신 것이 아니다. 바울은 사도들이 아니라, 모든 그리스도인들에게 이렇게 말한다. "참으면 또한 함께 왕 노릇 할 것이요"딤후 2:12.

바울은 이 사실이 가장 기본에 해당되는 신학인 듯한 말투로 그리스도인의 다스림에 대해 설명한다. "성도가 세상을 판단할 것을 너희가 알지 못하느냐 세상도 너희에게 판단을 받겠거든 지극히 작은 일 판단하기를 감당하지 못하겠느냐 우리가 천사를 판단할 것을 너희가 알지 못하느냐 그러하거든 하물며 세상 일이랴"고전 6:2-3. 이 질문에 사용된 동사의 형태는 우리가 일회적으로 다스리는 것이 아니라 지속적으로 다스리는 것을 암시한다.

교부 이레네우스Irenaeus는 이렇게 기술한다. "메시아의 왕국에서 순교자들은 핍박자들에게서 빼앗긴 세상을 다시 얻게 될 것이다. 종노릇하던 피조물 속에서, 그들은 마침내 다스리게 될 것이다."

면류관과 보좌가 다스리는 권위를 상징한다는 것을 염두에 두고, 요한계시록에 나오는 다음의 구절들을 생각해 보자.

"네가 죽도록 충성하라 그리하면 내가 생명의 관을 네게 주리라"2:10.

"이기는 자와 끝까지 내 일을 지키는 그에게 만국을 다스리는 권세를 주리니"2:26.

"내가 속히 오리니 네가 가진 것을 굳게 잡아 아무도 네 면류관을 빼앗지 못하게 하라"3:11.

"이기는 그에게는 내가 내 보좌에 함께 앉게 하여 주기를 내가 이기고 아버지 보좌에 함께 앉은 것과 같이 하리라"3:21.

"이십사 장로들이 보좌에 앉으신 이 앞에 엎드려 세세토록 살아 계시는 이에게 경배하고 자기의 관을 보좌 앞에 드리며 이르되"4:10.

땅은 우리 아버지께서 아담과 하와와 그 자손에게 주신 우리의 것이며 우리가 다스릴 왕국이다. 하나님이 우리에게 주시는 기업은 사탄이 에덴에서 처음 공격한 이래로 수많은 전투가 이루어진 바로 이 땅이다.

한 때 우리가 거짓 왕 사탄에게 잃었지만, 그리스도의 위대한 용맹으로 되찾았으며, 그분은 우리의 자유를 위해 자신의 피를 흘리셨고, 그것을 통해 우리는 원래의 기업인 땅을 되찾았다.

이것이 구속의 드라마이다. 우리가 하나님의 자녀이자 상속자이며 땅을 다스릴 자인 우리의 신분을 이해하지 못하면, 우리는 하나님의 구속 사역을 이해할 수 없다. 그러나 우리가 하나님의 계획 속에 있는 우리의 역할을 이해하면, 우리는 그분이 우리를 땅에서 구원하시고, 몸이 없는 영역에서 영원히 살게 하시지 않으리라는 것을 깨닫게 될 것이다.

우리의 기업은 물리적인 것일 뿐 아니라, 영원한 것이다. "여호와께서 온전한 자의 날을 아시나니 그들의 기업은 영원하리로다"시 37:18.

많은 이들이 인류가 땅을 다스리며, 고을을 다스리고, 영원히 왕 노릇한다는 생각이 불편하다고 말한다. 너무 주제넘고 자기중심적으로 들린다고 한다. 그것이 우리 생각이라면 나도 그 말에 동의한다. 그러나 그것은 우리 생각이 아니라 하나님의 생각이다. 그것은 결코 사소한 교리가 아니다. 그것은 성경의 핵심이다. 이것이 하나님의 계획이며 약속이다. 이 생각이 여전히 불편하다면, 편해지도록 노력해야 할 것이다.

나는 언젠가 내 책 한 권을 애틀랜타의 한 쾌활한 호텔 벨맨Bell Man에게 준 적이 있었다. 나는 그가 신실한 그리스도인이라는 것을 알게 되었고, 그는 호텔에서 컨퍼런스를 열고 있던 우리를 위해 기도한다고 말했다. 나중에 나는 그에게 작은 선물을 주었다. 그것은 거친 나무 십자가였다. 그는 놀란 듯이 보였고 감격했다. 눈가에 눈물을 글썽이며 이렇게 말했다. "이러실 필요 없는데요. 저는 그저 벨 맨일 뿐입니다."

그는 따뜻하게 말하며, 섬기는 자였으며, 호텔에서 열리는 컨퍼런스의 성공을 위해 뒤에서 조용히 기도하는, "단지 벨맨"일 뿐이었지만, 나는 그 형제 안에서 예수님을 보았다. 그에게는 "단지"라는 말이 더 이상 어울리지 않았다.

이 형제는 평생 남을 섬기며 살았고, 그의 조상은 수대에 걸쳐서 노예로 살았다. 하나님의 나라에서는 아마도 내가 그런 분을 섬기는 특권을 누리게 될 것이다.

누가 새 땅에서 왕이 될 것인가? 그 형제도 그 중 한 사람일 것이다. 그의 가방을 들 수 있다면, 내겐 영광일 것이다.

We Shall See God

"예수님처럼 된다는 것은 나의 정체성이 없어지고
다 똑같아지는 것인가요?" 우리는 그런 걱정을 할 필요가 없다.
우리는 모두 예수님을 닮은 성품을 갖게 될 것이지만
각자의 고유한 성격은 그대로 유지하게 될 것이다.
실상은, 우리만의 고유한 독특성이
천국에서 비로소 드러난 경우도 많을 것이다.
우리는 진짜 감정을 갖게 될 것이며,
교만과 불안, 잘못된 생각이 모두 제거된 감정을 갖게 될 것이다.
우리는 진짜 욕망을 지닌 진짜 사람들이면서,
거룩한 사람들이 될 것이다.
우리는 자신의 모습을 유지할 것이다.
하지만 모든 좋은 것만 남고, 나쁜 것은 없어질 것이다.

PART 4

영원한 기쁨으로 들어가라

CHAPTER 1

죽음은 고향으로 돌아가는 것

아버지여 내게 주신 자도 나 있는 곳에 나와 함께 있어
아버지께서 창세 전부터 나를 사랑하시므로
내게 주신 나의 영광을 그들로 보게 하시기를 원하옵나이다

요한복음 17:24

찰스 스펄전은 친구이자 동료 목사였던 찰스 스텐포드가 죽은 지 삼일 후에, 이 설교를 통해서 죽음은 고향으로 돌아가는 것이며 그리스도와의 완전한 연합으로 들어가는 관문이라고 말한다.

Spurgeon

사랑하는 여러분, 나는 이 말씀에 완전히 압도되었다. 죽는다는 것은 고향으로 돌아가는 것이다. 나는 지금 천국의 공기를 숨 쉬고 있다. 사랑이 모든 것을 감싸고 있으며, 모든 슬픔을 몰아낸다.

사실 성도에게는 죽음이란 없다. 찰스 스텐포드는 고향으로 돌아간 것이다! 그는 평생 빛 가운데서 증거했으며, 시력을 잃은 후에도 그것을 멈추지 않았다. 이제 그의 눈에서 막이 벗겨졌고 마음의 모든 고통이 사라졌으며, 그는 이제 예수님과 함께 있다. 나는 세상을 떠나는 이들의 얼굴이 광채로 빛나는 것을 많이 보았다.

형제자매들이여, 나와 함께 멋진 비행을 해보겠는가? 콘도르Condor(독수리의 일종, 서반구지역에서 가장 큰 새-옮긴이)보다 더 큰 날개를 활짝 펴고, 시작도 끝도 없는 영원 속으로 날아가 보려는가? 세상의 모든 날이 있기 전, 옛적부터 항상 계신 분 단 7:9만이 홀로 계시던 때가 있었다. 세상의 모든 시간이 있기 전, 스스로 계신 하나님만이 홀로 계시던 때가 있었다. 성부와 성자와 성령께서는 서로를 사랑하시며, 서로를 기뻐하셨다.

아, 하나님 아버지는 아들을 얼마나 사랑하셨는지! 세상도, 해와 달과 별도, 우주도 없었고, 오직 하나님만 계셨다. 아버지의 모든 전능하신 능력이 끝없는 사랑을 통해 아들에게 흘러넘쳤고, 아들은 신비한 연합을 통해 아버지와 영원히 본질적으로 하나가 되셨다.

우리가 보고 듣는 이 모든 것은 어떻게 생겨나게 되었을까? 하나님은 이 모든 것을 왜 만드셨을까? 아담은 어떻게 타락하게 되었을까? 하나님은 사람을 왜 구속救贖하셨을까? 왜 교회를 세우셨을까? 왜 천국을 주셨을까? 왜 이 모든 것을 시작하셨을까?

그분은 전혀 그럴 필요가 없으셨다. 그러나 아버지의 사랑은 아들의 영광을 나타내시기로 작정하셨다. 하나님은 타락과 구속의 역사를 통해 아들을 향한 아버지의 사랑과 아들의 영광에 대한 아버지의 기쁨을 보여주고자 하신 것이다.

아들에게 영원한 영광을 주시기 위해서 아버지께서 아들에게 사람의 몸을 입히셨고, 고통당하고 피 흘리며 죽게 내버려 두셨다. 왜 그러셨을까?

이는 마치 한 알의 밀알이 땅에 떨어져 죽음으로써 많은 열매를 맺는 것처럼, 예수님을 통하여 택하신 모든 영혼에게 영원히 넘치는 기쁨을 주시기 위해서였다. 그러므로 고향의 공기를 마시라. "아버지께서 창세 전부터 나를 사랑하시므로." 예수님이 계신 곳에는 이처럼 항상 사랑이 있다.

이 사람들은 어린 양의 신부이며계 21:9 그리스도의 몸이고 만물 안에서 만물을 충만하게 하시는 이의 충만함이다엡 1:23. 그들의 운명은 너무나 고귀해서 인간의 언어로는 설명할 수 없다. 하나님이 그 사랑하는 사람들을 위해서 준비하신 것은 오직 하나님만이 완전하게 아신다.

그러므로 사랑하는 이들이 아플 때는 그들을 위해 금식하고 기도하되, 그들이 세상을 떠나고 난 후에는 다윗처럼 하라. 그는 얼굴을 씻고 음식을 먹고 마셨다. 그리스도 안에 있는 그들의 기쁨과 그들을 향한 그리스도의 기쁨을 생각하고 여러분 자신을 위로하라. 또한 그리스도를 향한 하나님 아버지의 기쁨과 그들에 대한 아버지의 기쁨을 기억하라.

사랑하는 형제자매들이여, 우리는 곧 이 세상의 모든 학자가 아는 것보다 천국을 더 잘 알게 될 것이다. 우리는 각자의 집으로 돌아가지만 언젠가 다시 만나게 될 것이다. 우리는 예수님을 만나게 될 것이고, 그곳에서 주님의 영광을 보게 될 것이다.

Alcorn

천국에 대한 성경의 가르침을 이해하면 우리 삶의 무게 중심이 옮겨지고, 삶의 대한 생각이 완전히 바뀌게 된다. 우리가 천국을 늘 바라보아야 하는 이유가 여기에 있다.

스펄전은 강한 확신 속에서 천국은 그리스도와 연합하는 곳이며, 구속救贖을 입은 모든 사랑하는 사람들을 다시 만나는 곳이라고 말한다. 교인들을 뜨겁게 사랑했던 스펄전은 그들이 복음을 받아들임으로써 죽음에 대해 전혀 새로운 시각을 갖기를 원했다. 그래서 이렇게 권면한다. "의심하지도 말고, 낙심하지도 맙시다. 죽는다는 것은 고향으로 돌아가는 것일 뿐입니다."

6년 후, 스펄전 자신도 쉰일곱의 나이로 친구인 찰스 스텐포드의 뒤를 이어 고향에 계신 예수님께로 돌아가게 된다. 이 설교를 할 때 스펄전은 쉰한 살이었으며 천국을 간절히 열망했다. 동료인 찰스 스텐포드에 대한 그의 회상에는 깊은 애정이 묻어난다.

죽음을 미화해서는 안 된다. 그러나 예수님을 믿는 사람이라면, 죽음이 영원히 끝나지 않는 기쁨으로 가는 관문임을 깨달아야 한다. 예수님은 우리를 죽음의 공포로부터 건져주시기 위해서 오셨다. "죽음을 통하여 죽음의 세력을 잡은 자 곧 마귀를 멸하시며 또 죽기를 무서워하므로 한평생 매여 종노릇 하는 모든 자들을 놓아 주려 하심이니"히 2:14-15. 죽은 사람들의 부활을 바라보면서 사도 바울은 이렇게 외친다. "사망아 너의 승리가 어디 있느냐 사망아 네가 쏘는 것이 어디 있느냐"고전 15:55.

1952년에 플로렌스 채드윅 Florence Chadwick은 캘리포니아의 카타리나 섬으로부터 본토까지 헤엄쳐 가기 위해 태평양으로 뛰어들었다. 그녀는 노련한 수영 선수였고, 영국해협을 양 방향으로 횡단한 최초의 여성이었다.

그날 날씨는 짙은 안개가 끼었고, 몹시 쌀쌀했다. 플로렌스는 곁에서 따라오는 보트조차 볼 수 없었지만, 열다섯 시간을 묵묵히 헤엄쳐 나갔다. 하지만 너무나 지친 그녀는 수영을 포기하고, 물 밖으로 나오려고 했다. 그때 뒤따라오던 보트에 있던 그녀의 어머니가 이제 해안까지 얼마 남지 않았으며, 해낼 수 있다고 그녀를 격려했다.

그러나 완전히 탈진한 플로렌스는 횡단을 포기했고, 결국 보트 위로 끌어올려졌다. 배에 오르자마자 그녀는 해안이 불과 1킬로미터도 떨어져 있지 않다는 것을 알게 되었다. 다음날 기자회견에서 그녀는 이렇게 말했다. "눈에 보이는 것은 안개뿐이었죠.…… 만약 해안가를 볼 수 있었다면 해낼 수 있었을 거예요."

난관에 부딪혀 낙심되고 힘이 빠질 때, 또는 불확실한 상황의 안개 속에 빠져 있다고 느낄 때, 여러분도 그렇게 생각하지 않는가? 해안가를 볼 수만 있다면, 해낼 수 있을 텐데.

구원의 반석이신 예수 그리스도를 바라보라. 예수님은 자신에게 소망을 두는 사람들을 위해 거처를 예비하겠다고 약속하셨다요 14:2. 그곳에서 그들은 예수님과 함께 영원히 살게 될 것이다. 우리의 시선을 예수님께 고정할 수 있다면, 안개 너머의 영원한 고향을 마음의 눈으로 그려볼 수만 있다면, 우리는 힘과 평안을 얻을 것이며, 결승점을 분명하게 볼 수 있을 것이다.

사도 바울은 매 맞고 감옥에 갇히며 고난을 당할 때에 이렇게 말했다. "형제들아 나는 아직 내가 잡은 줄로 여기지 아니하고 오직 한 일 즉 뒤에 있는 것은 잊어버리고 앞에 있는 것을 잡으려고 푯대를 향하여 그리스도 예수 안에서 하나님이 위에서 부르신 부름의 상을 위하여 달려가노라"빌 3:13-14. 바울로 하여금 "푯대를 향하여" 달려갈 수 있게 한 힘과 소망의 근원이 무엇이었을까? 그것은 바로 천국을 분명히 바라볼 자의 믿음일 것이다.

주님께 은혜와 능력을 간구하라. 그리고 해안가에 시선을 고정하라. 주님이 지키시는 은혜로, 여러분은 능히 그곳에 다다를 수 있을 것이다.

CHAPTER 2
아버지의 집으로

너희는 마음에 근심하지 말라 하나님을 믿으니 또 나를 믿으라
내 아버지 집에 거할 곳이 많도다 그렇지 않으면 너희에게 일렀으리라
내가 너희를 위하여 거처를 예비하러 가노니
가서 너희를 위하여 거처를 예비하면 내가 다시 와서
너희를 내게로 영접하여 나 있는 곳에 너희도 있게 하리라
내가 어디로 가는지 그 길을 너희가 아느니라

요한복음 14:1-4

스펄전은 두 명의 친구와 동료 목사의 죽음에 대한 설교를 계속하고 있다. 천국을 묘사하기 위해 아버지의 집이라는 사실적인 용어를 구사하고 있다.

Spurgeon

예수께서 아버지로부터 오셨고, 우리를 다시 아버지께로 인도하시기 때문에 우리에게 천국이 있는 것이다. 우리는 천국을 생각할 때마다 먼저 하나님 아버지를 생각해야 한다. 우리 아버지의 집에는 거할 곳이 많다. 주님은 우리를 위한 거처를 준비하시기 위해 아버지께로 가신 것이다요 14:2.

예수님은 마치 이미 천국에 와 있는 것처럼 이 말씀을 하셨지만 주님께서는 이 땅에서 해야 할 일이 여전히 남아 있었다. 영광에 들어가시기 전 거쳐야 할 겟세마네와 골고다도 남아 있었다.

이것은 우리에게 놀라운 사실을 깨닫게 한다. 우리가 영원한 기쁨을 이미 받은 것처럼 생각하고 말하고 행동할 수 있다면 얼마나 좋을까! 뜨거운 기도와 믿음의 확신으로 우리는 낙원으로 들어갈 수 있는 것이다. 전쟁과 고뇌의 땅을 떠나 하나님과의 친밀한 교제로 들어갈 수 있다면 얼마나 좋을까!

우리의 사랑하는 형제 찰스 스텐포드는 이제 우리 곁을 떠났다. 나의 형제들, 동무들, 기뻐하는 자들이 나를 떠나 더 좋은 곳으로 간다. 미처 고개를 돌리기도 전에, 누군가 우리 곁을 떠난다. 잠시 그들과 즐거운 시간을 보낸다 싶으면 곧 우리의 시야에서 사라져 버린다. 하지만 그들은 주님과 영원히 함께 있기 위해서 하늘로 올라가는 것이다.

최근에 세상을 떠난 분들을 돌아볼 때, 나는 꿇어 엎드려 눈물을 쏟을 수밖에 없다. 주님은 가장 잘 익은 열매를 거두고 계신다. 주님의 손이 직접 금 사과를 은 광주리에 담고 계신다. 하지만 본문에 나타난 주님의 말씀이 우리의 마음을 평온하게 한다. "아버지여 내게 주신 자도 나 있는 곳에 나와 함께 있어⋯⋯나의 영광을 그들로 보게 하시기를 원하옵나이다." 그들은 하나둘 모두 이 낮은 땅을 떠나 왕의 궁전이 있는 하늘로 올라간다. 예수님이 그들을 자신에게로 이끄시는 것이다.

우리의 사랑하는 이들은 고향으로 돌아가고 있다. 사랑하는 자가 백합화를 꺾기 위해 그의 동산으로 오는 것과 같다아 6:2. 가족들이 다시 모이고 재회한다면, 아버지의 집 말고 어디에서 모이겠는가? 자녀들이 아버지가 계신 고향으로 돌아가는 것은 정말 당연한 일이 아니겠는가? 아버지께서 그들을 낳아 주셨으며, 그들에게 생명을 주셨다. 언제나 아버지께로 돌아가기를 바라며, 마침내 아버지와 함께 사는 것이 그들의 존재 목적이 되어야 하지 않겠는가?

Alcorn

천국의 모습을 엿보고 싶을 때, 나는 생전 처음 스노클링을 했던 때를 기억한다. 저마다 모양과 크기와 색깔이 다른 물고기를 보았다. 가장 아름다운 물고기를 보았다고 생각했을 때 곧 더 아름다운 물고기가 나타났다. 그 놀라운 바닷속 풍경을 들여다 보며, 고무 스노클 사이로 흘러나온 감탄의 소리. 난 아직도 그 소리를 잊지 못한다.

우리가 천국을 처음으로 보게 될 때도 놀라움과 기쁨의 감탄사가 터져 나올 것이다. 끝없이 펼쳐진 놀라운 곳에서 새로운 광경을 볼 때마다 더 많은 탄식이 이어질 것이다.

스펄전에게 천국은 실제적인 장소다. 그는 천국을 현재 시점에서 이야기한다. 하나님의 백성들이 죽으면 그의 영이 그곳으로 올라간다. 그리고 장래에 우리 몸은 부활하여 우리 영과 다시 영원히 결합하게 될 것이다. 우리는 온전하고 완전한 백성이 되어 함께 하나님을 영원히 찬양하게 될 것이다.

많은 사람들이 성경이 가르치는 천국을 순전히 영적인 것으로만 생각하는 우를 범한다. 어떤 이들은 천국이 '실제적인 장소'라기보다는 영적인 '상태나 조건'이라고 생각한다.

그러나 예수님은 그렇게 말씀하시지 않는다. 그곳은 많은 방이 있는 집이며, 우리를 위해 그곳에 거처를 준비하실 거라고 말씀하신다요 14:2. 그분은 천국을 묘사하시면서 실제적이고, 현세적이며, 공간적인 언어를 사용하셨다. "다시 와서…영접하여"라는 구절은 공간적인 이동과 물리적인 목적지가 있음을 잘 보여준다.

죄로 오염되기 전 원래 상태의 온 땅을 상상해 보라. 매 맞고 굶주려서 으르렁거리는 짐승이 아니라 행복하게 꼬리를 흔드는 강아지의 모습을 그려보라. 꽃은 시들지 않으며, 풀도 마르지 않고, 하늘은 더 없이 푸르기만 하다. 사람들은 미소가 가득하며 기쁨이 넘친다. 화를 내지도 않고 우울해 하거나 공허해 하지도 않는다. 지금 여러분이 아름다운 곳에 있지 않다면 눈을 감고 가장 아름다운 곳을 마음속으로 그려보라. 야자수가 하늘거리고 맑은 강물이 햇볕에 반짝이며, 우뚝 솟은 산들과 수정 같은 폭포수, 눈발이 흩날리는 눈 더미를 그려보라. 빈민가, 범죄, 질병 그리고 악취가 만연했던 런던에 살았던 스펄전은 아마도 그가 사랑했던 영국의 해안가를 상상했을지도 모른다.

여러분은 자신을 위해 예비된 곳에서 우리가 지음 받은 목적이신 분과 함께 있다. 어디를 가든 새로운 사람들을 만나게 된다. 늘 방문할 새로운 곳들이 있고, 새로운 재미가 기다리고 있다. 주님을 사랑했던 가족이나 친구들을 떠올려 보라. 이런 멋진 곳에서 그들과 함께 걷는 상상해 보라. 여러분 모두는 올림픽 철인 10종 경기 선수보다도 강한 튼튼한 육체를 가지고 있다. 여러분은 함께 웃고, 놀며, 이야기하고, 회상에 잠긴다.

성경은 우리가 부활 후에, 천국이 새 땅계 21:1위에 임할 것이라고 약속한다. 그곳에서 하나님의 백성들이 영원히 살게 될 것이다. 천국을 상상하기 위해 하늘의 구름을 쳐다볼 필요는 없다. 죄와 죽음과 고통과 부패가 없는 우리 주위의 모습을 상상해 보자.

CHAPTER 3

천국에 있는
사랑하는 이들

또 너희에게 이르노니 동 서로부터 많은 사람이 이르러
아브라함과 이삭과 야곱과 함께 천국에 앉으려니와
마태복음 8:11

사랑하는 이가 죽으면 우리는 그들을 그리워하고 다시 보고 싶어 한다. 그러나 여러분이 사랑하는 그리스도인이 죽으면, 그리고 여러분이 그리스도를 믿는다면, 그들과 다시 만나게 될 것이다. 천국에서 우리는 하나님과 영원히 친교를 누릴 뿐 아니라 하나님의 모든 가족과도 친교를 나눌 것이다.

Spurgeon

내 생각에 천국에 대한 가장 멋진 견해 중의 하나는 그곳이 안식의 땅이라는 것이다. 특히 일하는 사람들에게는 더욱 그럴 것이다. 머리를 쓰거나 손발을 움직여서 수고해야 하는 사람들에게는 천국이 마침내 쉴 수 있는 곳이라는 생각이 너무나 달콤하게 다가온다. 삶에 지친 아담의 아들과 딸들이여 천국에서는 더 이상 힘들게 땅을 갈지 않아도 된다. 해가 뜨기도 전에 고된 일과를 위해 일어날 필요도 없고, 해가 진 후까지 오랜 시간 노동할 필요도 없다. 여러분은 평온할 것이며, 잠잠하고 편히 쉬게 될 것이다. 우리는 하나님의 만찬 석상에 앉게 될 것이다. 아브라함의 품에 안겨서 편히 쉬게 될 것이다. 천국에는 모든 것이 풍족하며 모든 이가 행복하고 모든 것이 평화롭다. 노고, 문제, 고생, 힘든 노동 같은 것들은 천국에서 찾아볼 수 없다. 그들은 언제나 편히 쉴 것이다.

또한 성도들에게는 좋은 친구들이 있을 것이다. 어떤 이들은 천국에서 우리가 아는 사람이 아무도 없을 것이라고 생각한다. 그러나 본문 말씀은 우리가 아브라함, 이삭, 야곱과 함께 앉을 것이라고 말한다. 그렇다면 우리는 아브라함, 이삭, 야곱을 틀림없이 알아볼 수 있을 것이다. 여기에서 우리가 아는 사람들은 그곳에서도 알 수 있다. 내가 천국에 발을 들여 놓을 때, 친구들이 반갑게 내 손을 잡으며 이렇게 얘기하는 것을 상상해 보라. "친구야, 너도 마침내 왔구나!"

우리는 모두 다시 만나게 될 것이다. 어머니를 천국으로 먼저 보낸 분이 있는가? 여러분이 예수님의 발자취를 따라간다면 언젠가 천국에서 어머니를 다시 만나게 될 것이다. 남편들은 아내를, 엄마는 사랑하는 아기를 알아볼 것이다. 여러분은 그들의 반가운 목소리를 다시 듣게 될 것이다. 여러분이 사랑했던 그들을 하나님 역시 사랑하셨다는 것을 알게 될 것이다.

Alcorn

18세기 초 인도로 간 선교사였던 에이미 카마이클Amy Carmichael은 이렇게 기록했다.

우리는 천국에서 서로 알아볼 수 있을까? 우리는 서로를 사랑하며, 서로를 기억할까? 이에 대해 조금도 궁금해 하거나 의심할 필요가 전혀 없다. 우리에게 그런 말씀을 따로 하시지 않은 이유는 그럴 필요가 전혀 없기 때문이다. 잠깐만 생각해 보면 너무나 분명한 사실이다. … 성경은 우리가 예수 그리스도처럼 될 것이라고 말한다. 거룩에 있어서만 그런 것이 아니라, 모든 면에서 그렇게 되리라는 말씀이다. 예수님은 우리를 잘 알고, 사랑하며, 기억하신다. 만약 그렇게 하지 않으신다면, 그분은 예수님일 수 없다. 우리 역시 그렇게 하지 않는다면 진정한 우리일 수 없다.

성경학자 스크로지W. G. Scroggie는 많은 믿는 사람들의 정서를 이렇게 대변한다. "이 땅에서 삼십구 년 이상이나 함께 지냈던 사랑하는 사람을 다시 알아보지 못한다면, 천국에 대한 나의 열망은 크게 약화될 것이다. 천국에서 우리는 그리스도와 함께 있을 것이며 그것으로 충분하다고 말하는 것은 이 땅에서 우리에게 그토록 중요했던 더불어 사는 삶에 대한 본능과 애정이 천국에서는 사라질 것이라고 말하는 셈이다. 하지만 천국에서의 삶이 결핍의 삶일 수는 없다. 오히려 이 땅에서 누렸던 최상의 삶이 더욱 풍성해지고 강력해지는 것이어야만 한다."

어거스틴은 이렇게 말했다. "사랑하는 이들이 이 땅을 떠났다고 해서 우리가 그들을 잃어버린 것이 아니라, 우리보다 먼저 천국으로 보낸 것뿐이다. 우리도 이 땅을 떠나서 그곳으로 갈 것이며, 거기에서 우리는 그들을 이 땅에서 알던 것보다 더 잘 알게 될 것이고 더욱 사랑하게 될 것이다."

사도 바울은 데살로니가 교회의 성도들에게 말하기를, 우리는 천국에서 믿는 가족과 친구들과 다시 만나게 될 것이라고 했다. "형제들아 자는 자들에 관하여는 너희가 알지 못함을 우리가 원하지 아니하노니 이는 소망 없는 다른 이와 같이 슬퍼하지 않게 하려 함이라 우리가 예수께서 죽으셨다가 다시 살아나심을 믿을진대 이와 같이 예수 안에서 자는 자들도 하나님이 그와 함께 데리고 오시리라 … 그 후에 우리 살아남은 자들도 그들과 함께 구름 속으로 끌어 올려 공중에서 주를 영접하게 하시리니 그리하여 우리가 항상 주와 함께 있으리라 그러므로 이러한 말로 서로 위로하라"살전 4:13-14, 17-18.

이처럼 시대를 초월해서, 그리스도인은 천국에서 사랑하는 사람들과의 재회를 열망해 왔다. 우리가 위로 받는 것은 우리가 천국에서 주님과 함께 있게 될 뿐 아니라, 서로서로 함께 있게 될 것이기 때문이다. 그리스도는 우리의 "알파와 오메가 즉, 처음과 마지막이요 시작과 마침"계 22:13이 되신다. 그분 한 분만으로 우리의 모든 필요는 다 채워진다. 그러나 하나님은 우리를 그리스도뿐 아니라 다른 사람들과도 관계를 맺고 살도록 만드셨다. 하나님의 형상으로 지음 받은 사람을 사랑하지 않는다면, 하나님도 사랑할 수 없는 것이다요일 4:8.

스펄전이 목회의 멘토로 생각했던 청교도 리처드 백스터는 먼저 그리스도와 함께 있기를 소망했다. 하지만 그는 또한 사랑하는 친구들을 다시 만나기를 열망했다. "나는 그리스도께서 만유시요, 만유 안에 계신 것을 안다골 3:11. 천국이 천국인 것은 하나님이 그곳에 계시기 때문이다. 그러나 천국이 더욱 더 아름다운 것은 그리스도 안에서 사랑하는 수많은 소중한 친구들이 거기 있기 때문이다."

새 땅에서 우리는 낯익은 친구들을 다시 만나는 기쁨과 새로운 친구들을 사귀는 즐거움을 누리게 될 것이다. 서로를 더 잘 이해하게 되듯이, 하나님도 더 잘 알게 될 것이다. 서로를 통해 기쁨을 누리듯 하나님 안에서 더 큰 기쁨을 누리게 될 것이다.

CHAPTER 4

천국에서의 우정

내가 항상 주와 함께 하니 주께서 내 오른손을 붙드셨나이다
주의 교훈으로 나를 인도하시고 후에는 영광으로 나를 영접하시리니
하늘에서는 주 외에 누가 내게 있으리요
땅에서는 주 밖에 내가 사모할 이 없나이다
내 육체와 마음은 쇠약하나
하나님은 내 마음의 반석이시요 영원한 분깃이시라
시편 73:23-26

성경은 천국에서 결혼이 없을 것임을 분명히 말한다. 그렇다면 우정은 어떠한가? 이 글에서 스펄전은 천국에서도 이 땅에서처럼 우정을 유지할 것이며, 이 유대감은 영원토록 점점 강해질 것이라고 말한다.

Spurgeon

사랑하는 친구들이여, 여러분이 천국이라는 곳으로 갔는데, 그곳에 예수님이 계시지 않다고 생각해 보라. 그곳은 여러분에게 천국이 될 수 없다. 나는 어디로 가게 되든지 예수님이 계시다면, 그곳이 어디라도 아무 상관이 없다. 어떤 곳이든지 그분이 계시는 곳이 곧 나의 천국이다.

그것이 천국에 대해서 우리가 바라는 전부이다. 그리스도가 계신 곳에 그분과 함께 있는 것이다. 그리스도와 함께 있는 것이 다른 그 어느 곳에 있는 것보다 훨씬 좋다.

나는 이 땅의 모든 즐거움을 포기하고서라도 보좌에 앉으신 주님을 뵙기 원한다. 그분을 뵈면 얼마나 좋을까? 얼마나 많은 화가들이 그분의 모습을 그리다가 실패했는지! 낮아지신 예수님을 그릴 때조차 가장 유명한 화가들도 떨 수밖에 없고, 가장 화려한 빛깔도 바래질 수밖에 없다. 주님의 얼굴처럼 상하신 얼굴도 없다. 그러나 천국에서 더 이상 상하지 않은 주님의 모습은 어떻겠는가? 그분의 눈에는 더 이상 눈물이 없을 것이다.

복되신 주 예수님도 열두 제자를 다른 모든 제자보다 더 사랑하셨다. 그리고 그 중 세 명을 더 사랑하셔서 더욱 많은 비밀을 보여주셨다. 그리고 그 세 명 중에서도 한 사람을 더욱 사랑하셨다요 13:23. 우리는 모두 좋아하는 사람이 있다. 천국에서도 여전히 그럴 것인지는 확실하지 않다. 만약 그렇다면, 그리스도께서 우리를 위해 준비하신 장소에서 우리는 우리를 제일 행복하게 하는 사람들과 가장 가까이에 있게 될 것이다.

여러분은 하나님을 가장 경외하고, 가장 즐거워할 수 있는 곳에 있게 될 것이다. 걱정하지 마라. 다른 이보다 더 친근하게 여겨지는 사람이 있다면, 예수 그리스도께서 아름답게 자리를 조정해 주셔서 모든 이가 가장 행복하다고 느끼는 곳에 있게 될 것이다. 하늘나라의 성대한 결혼 잔치에서 주님은 우리 모두에게 꼭 맞는 자리를 준비하실 것이다.

이 주제를 곰곰이 생각하다가, 우리 주 예수 그리스도께서 자신의 백성 개개인을 위해서 거처를 예비하신다는 사실을 깨닫고 충격을 받았다. 천국에서는 각자에게 다른 곳보다 더 행복을 주는 특정한 장소가 있을지도 모르겠다. 모든 형제자매들을 다 사랑할지라도, 그 중에 특별히 더 친근하게 느껴지는 사람이 있는 것처럼 말이다.

천국에서도 지속될 소속감이 있다. 천국에서 어떤 이들 곁에 살 수 있는 선택권이 주어진다면, 나는 로우랜드 힐Rowland Hill(런던의 유명한 설교자로 스펄전이 태어나기 1년 전에 사망했다)이나 존 베리지John Berridge(18세기 영국의 부흥사이자 찬송 작가) 같은 이들과 함께 살고 싶다. 그들과 가장 잘 지낼 수 있을 것 같다. 왜냐하면 하나님이 어떻게 우리를 인도하셨는지, 그리고 어떻게 우리를 통해 다른 영혼들을 그리스도께로 인도하셨는지에 대해 이야기할 수 있을 것이기 때문이다.

어떤 이들은 우리가 이 땅에서 너무나 즐겁게 살며, 우리 설교를 듣고 사람들이 즐겁게 웃는다고 말한다. 그리고 마치 그것이 큰 죄라도 되는 것처럼 말하지만, 우리는 천국에서 사람들을 더 크게 웃도록 만들 것이다. 우리는 하나님의 놀라운 구속의 사랑과 은혜를 다시 이야기할 것이며, 그들의 얼굴에는 웃음이 가득하고 입에는 찬송이 넘칠 것이다.

누구보다 큰 소리로 노래 부르리,
하늘나라의 저택에 울려 퍼지도록
하나님의 주권적인 은혜를 외치리.●

주님을 사랑하는 여러분 모두 그렇게 생각하리라 믿는다. 이것만은 기억하기 바란다. 여러분을 위한 거룩한 처소가 예비되었다.

여러분은 그곳에 대해 준비가 되어 있는가? 여러분은 주 예수 그리스도를 믿는가? 그렇다면, 여러분의 준비는 시작되었다. 주님과 주님의 백성을 사랑하는가? 그렇다면, 준비는 잘 진행되고 있다. 죄를 미워하고 거룩을 사모하는가? 그렇다면, 준비는 발전하고 있다. 여러분 자신은 아무 것도 아니며, 예수 그리스도가 여러분의 전부인가? 그렇다면 준비가 거의 다 되어가고 있다.

주님께서 끝까지 여러분을 인도하시고, 곧 진주 문을 열어

● 셀리나 셜리 헌팅돈Selina Shirley Huntingdon의 찬송 〈나의 의로우신 심판주, 당신이 오실 때When Thou, My Righteous Judge, Shall Come〉에서

예비된 처소로 여러분을 인도하시기를 기도한다. 주님께서 우리 모두를 무사히 그곳까지 인도해 주시기를 주 예수님의 이름으로 기도한다.

Alcorn

17세기 스코틀랜드 신학자 사무엘 러더포드Samuel Rutherford는 말한다. "오, 나의 주 예수 그리스도시여, 당신 없는 천국은 지옥입니다. 지옥에 가더라도 주님이 함께하시면, 그곳이 나의 천국입니다. 주님만이 내가 원하는 모든 천국입니다." 마틴 루터는 이렇게 말했다. "그리스도 없는 천국에 있기보다는 차라리 그리스도와 함께 지옥에 있겠다."

예수님은 우리가 그와 함께 천국에 있게 될 것을 말씀하시면서 그 이유를 설명하신다. "아버지여 내게 주신 자도 나 있는 곳에 나와 함께 있어 아버지께서 창세 전부터 나를 사랑하시므로 내게 주신 나의 영광을 그들로 보게 하시기를 원하옵나이다"요 17:24. 우리는 무언가를 성취하면, 가까운 사람들과 그것을 나누고 싶어 한다. 마찬가지로 예수님은 우리와 함께 자신의 영광을 나누기를 원하신다. 그것은 그가 이루신 영광이요, 그의 존재로부터 나오는 영광이다.

우리가 누릴 수 있는 최고의 기쁨, 최상의 만족은 주님의 영광을 보는 것이다. 존 파이퍼John Piper는 이렇게 말한다. "우리가 하나님 안에서 최고로 만족할 때, 그분은 우리 안에서 최고로 영광을 받으신다." 우리는 안심해도 된다. 마음을 졸일 필요가 없다. 더 이상 감춰야 할 수치는 없다. 그리스도께서 우리의 모든 죄를 대신 지셨다. 주님이 모든 죗값을 치르셨기 때문에, 우리는 죄와 죄의 두려움으로부터 영원히 자유롭게 되었다. 우리와 주님 사이의 모든 장벽은 영원히 사라졌다. 주님은 그곳에서 우리의 가장 친한 친구가 되실 것이다.

나는 스펄전이 자신이 태어나기도 전에 사망한 로우랜드 힐과 존 베리지 곁에서 함께 살고 싶어 하는 것이 마음에 든다. 이를 통해 스펄전이 천국에서 고대하는 우정이 무엇인지 엿볼 수 있다. 당시 스펄전을 비난하는 사람들이 많이 있었다. 그들은 그의 교리, 유머, 몸무게, 습관까지 그의 모든 것을 비난했다. 스펄전은 자신에 대해서, 그리고 앞으로 만나게 될 힐과 베리지에 대해 이렇게 이야기한다. "우리는 천국에서 사람들을 더 크게 웃도록 만들 것이다. 우리는 하나님의 놀라운 구속의 사랑과 은혜를 다시 이야기할 것이며 그들의 얼굴에는 웃음이 가득하고 그들의 입에서 찬송이 넘칠 것이다."

성경은 천국에서 누릴 특별한 우정에 대해서 직접적으로 말하지는 않지만, 스펄전의 주장에 대한 근거를 제공하고 있지 않을까? 나는 그렇다고 생각한다. 우리는 부활 후에도 여전히 사람일 것이고, 또한 우리의 정체성을 유지할 것이며, 우리의 기억은 우리 정체성의 중요한 부분이 될 것이다. 나는 천국에서 특별히 아내와 딸들, 사위들, 친구들과 가깝지 않을까? 이 땅에서의 인간관계가 천국에서 이어지지 않으리라고 생각할 이유가 있을까?

물론 천국에는 이 땅에서와 같은 결혼은 없을 것이다마 22:30. 하지만 하나의 결혼 즉, 교회와 그리스도의 결혼은 있을 것이다. 그리스도의 지체로서 아내 낸시와 나는 영원한 결혼 즉, 예수님과 함께하는 결혼 생활을 하게 될 것이다. 이 땅에서 오랜 시간 그리스도 안에서 함께 성장하며 함께 주님을 섬긴 경험을 통해서 볼 때, 우리가 주님과 함께 있을 때 친한 친구로 남는 것은 가장 자연스럽고도 하나님의 뜻에 합당한 모습이 아닐까?

우리는 이 땅에서 어려운 시기를 함께 지낸 사람들과 친교를 누리며 이렇게 말하게 될 것이다. "천국이 이렇게 멋진 곳일 거라고 상상해 보았니?" 우리는 모두 각자의 로우랜드 힐과 존 베리지를 갖게 될 것이다. 하나님을 즐거워하는 것과 서로를 즐거워하는 것은 함께 가는 것이다. 어거스틴은 이렇게 말했다. "하나님을 즐거워하는 모든 이는 그분 안에서 서로를 즐거워하는 것이다."

가족과 친구와의 관계가 천국에서 지속되지 않으리라는 주장은 데살로니가 교회에 대한 바울의 격려를 볼 때 신빙성이 없다. 그는 데살로니가전서 4장 13-18절 말씀을 통해 예수님 앞에서 사랑하는 이들을 다시 만날 것을 기대하라고 했고 이러한 말로 서로 위로하라고 했다. 위로는 사랑하는 이들을 잊어버리는 것이 아니라 오히려 우리의 사랑하는 이들을 다시 만나게 될 기대감으로부터 온다.

여러분에게 깊은 영향을 끼친 가까운 친구가 있는가? 그와 같은 기숙사에 살거나 룸메이트가 된 것이 우연의 일치라고 생각하는가? 하나님이 여러분이 살 곳과 장소를 정하셨기 때문에, 여러분이 어떤 동네에서 살지, 누구의 이웃이 될지, 누구와 학교를 같이 다닐지, 누구와 교회 친구가 될지, 누가 여러분을 위해 기도하고 도와줄지 등은 모두 우연이 아니다행 17:26. 하나님이 내게 친구를 주시고, 그들을 통해 큰 영향을 받게 하신 것은 모두 하나님의 인도하심에 따른 결과이다.

찰스 스펄전이 로우랜드 힐과 존 베리지의 이야기를 듣고 읽음으로써 하나님을 통해 감명을 받은 것도 마찬가지다. 그들 중 대부분은 다른 시대와 장소의 사람들이며, 책을 통해서만 만나본 사람들이다. 과거와 현재의 직간접적인 우리의 모든 관계는 다 하나님이 계획하신 것이다.

천국에서 그 관계들이 단지 지속될 뿐 아니라 오히려 확대될 것이라는 것은 자명한 사실이다. 하나님의 계획은 새 땅에서도 멈추지 않을 것이다. 그분은 자신의 계획을 포기하지 않으시며 그것을 확장하시고 성취하신다. 이 땅에서 시작된 우정은 천국에서도 지속될 것이며, 점점 더 풍성해질 것이다.

예수님은 제자 중에서도 열두 제자를 더욱 사랑하셨고 특히 세 명을 더욱 사랑하셨으며 그중에서도 요한을 가장 사랑하셨다는 스펄전의 말을 기억하라. 비록 천국에서 우리가 좋아하는 관계를 유지하게 될지에 대해서는 확신하지 못했지만, 그렇게 되기를 소망한 것이 분명했다. 그는 이렇게 말한다. "만약 그렇다면, 그리스도께서 우리를 위해 준비하신 장소에서 우리는 우리를 가장 행복하게 하는 사람들과 가장 가까이에 있게 될 것이다."

새 예루살렘을 거닐다가 아담과 하와가 손을 잡고 생명나무를 바라보는 모습을 맞닥뜨린다고 상상해 보라. 그들의 특별한 우정을 시샘하겠는가? 물론 아니다. 여러분의 우정에 대해서도 아무도 시샘하지 않을 것이다.

여러분은 혹시 한 번도 친밀한 우정을 경험해 보지 못했다고 투덜댈지도 모르겠다. 그러나 천국에서는 지금 여러분이 아는 사람들과 더욱 친밀한 관계를 갖게 될 것이다. 어쩌면 예수님 다음으로 여러분과 가장 친하게 될 미래의 친구는 천국의 첫 만찬에서 옆 자리에 앉게 되는 사람일지도 모른다. 놀라지 마라. 결국 스펄전의 말처럼, 우정을 속량하시고 조율하시는 전능하신 하나님이 모든 자리 배치를 능숙하게 하실 것이기 때문이다.

CHAPTER 5
새 창조 안에 있는 기쁨

그날에 기뻐하고 뛰놀라 하늘에서 너희 상이 큼이라
그들의 조상들이 선지자들에게 이와 같이 하였느니라
그러나 화 있을진저 너희 부요한 자여
너희는 너희의 위로를 이미 받았도다
화 있을진저 너희 지금 배부른 자여 너희는 주리리로다
화 있을진저 너희 지금 웃는 자여 너희가 애통하며 울리로다
모든 사람이 너희를 칭찬하면 화가 있도다
그들의 조상들이 거짓 선지자들에게 이와 같이 하였느니라
누가복음 6:20-23

감정 역시 이 땅의 경험에만 국한되어 있는 것은 아니다. 사실은, 천국에서 더 격렬하게 느끼게 될 것이다. 다만 차이점은 우리의 감정도 속량될 것이며 더 이상 저주 아래 있지 않으리라는 점이다.

Spurgeon

우리 안에 거하시는 성령님에 의해서 생명을 얻고, 거룩하고 깨끗하게 된 영혼과 결합된 우리 몸은 언젠가 저주로부터 구원 받은 새 땅을 거닐 것이며, 새 하늘 아래서 살게 될 것이다 사 65:17-19.

하나님의 은혜가 충만한 사람은 자신 안에 새로운 마음이 생겨난 것을 느낀다. 자신이 거듭나 새로운 세계를 살아가며, 다른 사람들의 거룩한 삶을 보면서도 즐거워한다. 그는 복음을 듣고 옛 세상에서 얻을 수 없는 새롭고 더 탁월한 진리들을 발견했기 때문이다.

하나님이 나무를 만드시고 봄이 되면 아름다운 새순들이 돋아나게 하신 것은 정말 유쾌한 일이다. 여러분과 나 같은 가련하고 가시 많은 마음을 변화시켜서 하나님을 찬양하는 전나무나 소나무처럼 만드시는 것은 더욱 즐거운 일이다.

겨우내 땅 속에 묻혀 있던 알뿌리가 싹을 틔우고 눈부신 햇살을 머금은 모습은 너무나 매력적인 장면이다. 그러나 죄와 불법으로 죽었던 마음이 하나님의 성령의 신비로운 손길로 의의 햇살 아래서 다시 살아나, 그분 안에서 즐거워하는 모습은 더욱 멋지다.

이처럼 하나님의 속성은 눈에 보이는 창조 세계에도 드러나지만, 새 창조 안에서는 더욱 밝고 환한 빛 가운데 드러날 것이다. 하나님이 은혜로 보여주시면, 우리가 보지 못할 하나님의 속성은 하나도 없다. 하나님이 만드신 창조 안에서 충분히 즐거워하면, 여러분의 전 인격이 행복할 것이다.

새 창조 안에서 마음이 새롭게 되지 않은 사람은 영적인 것을 이해할 수 없고, 더군다나 그 안에서 즐거워할 수 없다. 이제 막 시작된 하나님의 새 창조는 지금 여기에서도 우리 영혼에 기쁨을 불러온다. 부디 그 안에서 충분히 즐거워하라. 새롭게 만드신 마음 안에서 분명히 드러난 하나님의 손길을 보라. 사랑하는 친구여, 이제 막 시작된 새 창조를 보고, 알며, 어느 정도 이해하게 되었다면, 오늘 밤 그 안에서 즐거워하자.

여러분에게 즐거워하라고 하시는 분명한 이유가 있다. 여러분이 바로 그 창조의 일부이기 때문이다. 하나님이 세상을 만드시는 것을 천사들이 보았을 때, 그들은 함께 노래하며 기뻐서 소리를 질렀다. 그러나 그들은 하나님이 만드신 이 세상의 일부가 아니다. 그들은 하나님이 사람에게 주신 이 땅에 대해서 아무런 지분이 없다. 다만 동경할 뿐이다. 그러나 예수님을 믿는 여러분과 나는 하나님의 새 땅에 대해서 공동 상속자로 참여할 것이다.

하나님 아버지는 예수 그리스도를 죽은 자 가운데서 다시 살리심으로써 우리를 거듭나게 하셨다. 다른 이들에게 새로운 원리와 소망을 주신 같은 성령께서 우리에게도 그것을 주신다. 우리가 하나님이 이루실 새 창조의 주역이다.

몸이 아파 몸져누워서 고통을 당할 때면, 나는 속사람과 영혼이 새롭게 창조되었다는 사실을 떠올리고 언제나 그것을 큰 기쁨으로 삼는다. 나의 속사람은 고통으로부터 솟아올라 순수한 하늘로 날아오를 것이다.

이 가련한 몸에 대해서는 이렇게 말한다. "너[몸]는 아직 완전히 구속 받지 못했구나. 옛 뱀의 독이 아직 남아 있는 모양이다. 그러나 너 역시 완전히 구원 받을 날이 온다. 죽고 땅에 묻힌 후에 다시 일어날 거야. 주님이 오늘 갑자기 다시 오신다면, 너는 변화를 받게 되겠지. 가련한 몸아, 너도 다시 일어나 몸의 구속을 통해 새롭게 될 것이다. 하나님이 성령을 주심으로써 이미 내 안에서 새 창조가 시작되었기 때문이란다."

사랑하는 여러분, 이 안에서 기뻐할 수 없는가? 기뻐하라. 이 새 창조 안에서 하나님이 하시는 일을 즐거워하라. 당신의 온 영이 즐거워하게 하라. 기쁨의 폭포수여, 쏟아지라. 환희여 흘러넘치라. 찬양의 격류가 흐르게 하라.

Alcorn

스펄전은 죽기 6개월 전에 이 설교를 했다. 죽음을 앞둔 스펄전은 여기에서 몸과 마음과 감정에 대해서 부활의 약속을 이야기한다. 그는 지난 22년간 대부분의 시간을 육체적인 고통 속에서 지냈다. 통풍, 류머티즘, 브라이트씨병(신장염) 등으로 고통을 당했다. 천연두에 걸린 적도 있었다.

그가 처음으로 통풍을 겪은 것은 1869년 그의 나이 서른다섯 살 때였다. 이후로 건강이 점차 악화되었고, 생애 마지막 22

년의 3분의 1은 강단을 떠나 투병을 하거나 요양이 필요했다. 이 육체적인 고난은 그에게 정서적으로 엄청난 타격을 주었다. 이로 인해 때때로 그는 깊은 우울증을 겪었다.

하나님은 우리를 자신의 형상대로 지으셨기에, 우리도 감정을 가지고 있다. 많은 사람이 감정을 다스리는 데 큰 어려움을 겪는다. 현재 우리 감정은 저주 아래 있고 죄에 매여 있지만 천국에서 우리의 감정은 완전히 속량될 것이다. 거기에서 감정은 우리의 자산이지 부채가 아닐 것이다. 천국에서는 격렬한 감정에 마음껏 휩싸일 수 있을 것이다. 정말 놀라운 위로가 아닌가?

어떤 작가는 천국에서의 삶을 이렇게 기술한다. "우리는 마치 위대한 승리를 거둔 직후 기쁨의 함성을 지를 때와 같은 그런 신나는 느낌 속에서 영원히 살게 될 것이다." 나는 별로 동의하지 않는다. 언제나 열광적으로 들떠서 산다면, 특별히 엄청난 기쁨을 느끼는 순간들도 없을 것이다. 물론 천국에서 슬픔을 느끼는 일은 없겠지만, 모든 순간의 기쁨이 동일해야만 하는 것은 아니다.

천국의 사람들은 다양한 감정들을 가지고 있다. 모두 좋은 감정들이다. 천국에는 잔치와 만찬과 노래가 있다. 지금 우는 자에게 하신 하나님의 약속을 기억하라. "너희가 웃을 것임이요."눅 6:21. 웃음은 정서적인 반응이다. 먹는 것, 노래하는 것, 즐거워하는 것은 모두 감정을 수반하는 일이다. 지금의 우리 감정은 죄로 왜곡되어 있지만, 하나님이 저주를 없애시면 영원히 바르게 설 것이다.

"너희가 웃을 것임이요"라고 약속하신 2절 뒤에, 예수님은 정확히 언제 그 약속이 성취될 것인지를 말씀하신다. "그날에 기뻐하고 뛰놀라 하늘에서 너희 상이 큼이라 그들의 조상들이 선지자들에게 이와 같이 하였느니라"눅 6:23. 이 땅에서 모든 일이 언제나 잘 풀리는 것은 아니다. 우리의 상이 천국에 있는 것처럼 웃음도 천국에 있을 것이며, 현재의 슬픔에 대한 보상도 천국에 있을 것이다. 그러나 하나님의 은혜로 천국의 웃음을 지금 이 땅에서 미리 맛볼 수 있다.

현재의 우리 삶에는 밀물과 썰물이 있다. 그것은 우리의 죄성 때문이 아니라 우리가 유한한 인간이기 때문에 나타나는 현상이며, 비록 우리가 더 이상 죄에 매이지 않는다 할지라도 우리 삶에는 그 두 가지가 공존할 것이다.

하나님은 우리의 눈물을 씻어 주실 뿐 아니라, 우리의 마음을 기쁨으로 채워 주시고 우리의 입을 웃음으로 채우실 것이다. 우리의 웃음이 속량되듯이 우리의 감정도 마침내 모든 죄와 원한과 절망으로부터 해방될 것이다.

만약 여러분이 신체적, 정서적 어려움 때문에 힘들고 지쳐 있다면, 용기를 내라. 스펄전은 이렇게 말했다. "우리 앞에 놓인 용광로와 망치와 줄에 대해서 하나님께 영광을 돌리라. 우리가 여기에서 당한 모든 고뇌 때문에 천국에서 더 큰 행복이 있을 것이다. 우리가 역경이라는 학교에서 받는 훈련 때문에 이 땅은 더 나은 곳이 될 것이다."

CHAPTER 6

죽음은 마치 잠과 같다

내가 받은 것을 먼저 너희에게 전하였노니
이는 성경대로 그리스도께서 우리 죄를 위하여 죽으시고
장사 지낸 바 되셨다가
성경대로 사흘 만에 다시 살아나사 게바에게 보이시고
후에 열두 제자에게와 그 후에 오백여 형제에게 일시에 보이셨나니
그중에 지금까지 대다수는 살아 있고 어떤 사람은 잠들었으며
고린도전서 15:3-6

우리가 사랑하는 사람이 죽거나 또는 우리 자신의 죽음을 그려볼 때 죽음은 마치 막대한 타격처럼 느껴진다. 그러나 죽음은 믿는 사람을 어떻게 하지 못한다. 그리스도 안에 있는 사람에게는 죽음이란 부활하기 전의 한순간일 뿐이다.

Spurgeon

로마에 있는 카타콤catacomb의 '이교도' 구역에 세워진 무덤 비문에는 비통과 절망으로 가득 찬 글들이 새겨져 있다. 자녀나 남편 또는 친구의 죽음 앞에서 마음의 비탄과 고뇌를 표현할 적절한 말이 없었기 때문이다. 어떤 비문에는 이렇게 쓰여 있다.

"오호 통재라, 사랑하는 가이오가 떠나 버렸네. 그와 함께 모든 기쁨은 영원히 사라져 버렸다. 다시는 그를 볼 수 없겠지."

그러나 카타콤에 있는 그리스도인들의 무덤으로 가면 분위기가 완전히 다르다. 거기에는 이런 비문들이 많다. "그는 편안히 잠들어 있다." 그곳의 비문에는 공포나 절망의 글귀가 없다. 오히려 죽음을 받아들이며, 명랑하고 감사에 찬 글들이 적혀 있다. 때로는 승리에 가득 찬 글이 적혀 있다. 이교도 구역에는 영원히 빛이 사라져 버리고 횃불이 꺼져 있지만, 이곳에는 영원한 승리의 상징인 종려나무 가지가 걸려 있다. 무덤에 생명의 빛을 비추는 것이야말로 기독교의 영광이다. 사망의 쏘는 것 고전 15:56을 물리치고, 실로 더 이상 죽음이 왕 노릇 하지 못하게 하는 것이다.

천국에 있는 성도들은 잠자는 것보다 더 나은 쉼을 누리고 있다. 그들의 안식에 가장 가까운 표현으로 '잠잔다'를 택했을 뿐이다. 그들에게는 가난이나 수고, 영혼의 고뇌, 회환, 죄로 인한 분투, 적과의 싸움 그리고 내면의 두려움이 없다. "그러하다 그들이 수고를 그치고 쉬리니 이는 그들의 행한 일이 따름이라 하시더라" 계 14:13.

잠드는 것은 얼마나 달콤한 일인가! 그것은 이 땅의 슬픔으로부터 완전히 벗어나 완벽한 평온을 즐기는 것이다. 이 땅을 떠나는 것이 정말 끔찍한 일이라고 생각하지 마라. 도깨비나

악령, 어두움 그리고 공포를 떠올리지 마라. 다윗이 말한 "사망의 음침한 골짜기"시 23:4는 죽음을 표현한 것이 아니다. 죽음의 골짜기가 아니라, 죽음의 그림자일 뿐이다. "사망의 음침한 골짜기"를 지나는 동안 암울함을 느꼈던 분들도 정작 죽음의 순간에는 암울해 하지 않는다고 나는 믿는다. 먼지 속에서 뒹굴던 사람들도 미래를 향해 떠나는 순간에는 새 힘을 얻고, 마치 독수리가 날개 치듯 하늘을 향해 힘차게 날아오른다.

그리스도의 부활을 목격한 사람들도 다른 사람들처럼 죽었다. 그들 역시 죽음을 피하지 못했고, 대부분 다른 사람보다 더 오래 살지도 못했다. 이 사실을 통해 우리에게는 너무나 중요하고 필수적으로 생각되는 이 땅에서의 삶이 하나님께는 반드시 그렇지 않다는 것을 깨닫게 된다. 주님은 때때로 우리에게 너무나 소중한 사람들을 데려가신다. 우리에게 가장 소중한 사람은 주님께서 잠시 우리에게 빌려주신 것이며, 언제라도 더 위대한 목적을 위해 불러 가실 수 있음을 배우게 된다.

Alcorn

성경은 스펄전의 말을 확증한다. 믿지 않는 자들은 죽음을 두려워하지만 믿는 사람들은 죽음 이후의 세계를 기쁨으로 바라본다. "흙은 여전히 땅으로 돌아가고 영은 그것을 주신 하나님께로 돌아가기 전에 기억하라"전 12:7. 죽음의 순간에 사람의 영은 천국으로 가든지, 아니면 지옥으로 간다. 다른 선택의 여지는 없다.

그리스도는 나사로와 부자가 죽음 이후에 천국과 지옥에서 뚜렷한 의식이 있음을 보여주신다눅 16:22-31. 또한 예수님은 십자가에서 죽어가던 강도에게 이렇게 말씀하셨다. "오늘 네가 나와 함께 낙원에 있으리라"눅 23:43. 사도 바울에게 죽는다는 것은 그리스도와 함께 있는 것이며빌 1:23, 몸을 떠나 주와 함께 있는 것이었다고후 5:8.

이런 말씀을 통해 우리는 "영혼의 잠" 즉, 이 땅에서의 삶과 천국에서의 삶 사이의 긴 무의식 상태는 없다는 것을 알 수 있다. 비록 스펄전도 성경을 인용하면서 '잠들다'는 표현을 쓰지만 예를 들어고전 15:6, 이때 잠은 죽음에 대한 완곡한 표현으로, 우리의 몸이 외형적으로 편안한 상태임을 나타내는 것일 뿐이다. 우리의 신체적인 부분은 부활의 때까지 "잠을 잔다." 반면에 영적인 부분은 즉시 천국으로 옮겨지며 뚜렷한 의식을 유지한다단 12:2-3, 고후 5:8.

요한계시록의 말씀을 보면, 죽은 자들의 부활이 있기 전에도 천국에 있는 사람들은 말도 하고 예배도 한다계 4:10-11, 5:8, 7:9-11. 이런 예들을 보면, 우리의 영은 죽음 이후에도 의식이 분명하며, 잠자지 않는다(영혼도 잠이 든다고 생각하는 대부분의 사람들은 죽음의 순간에 영혼이 육체를 벗어버린다고 말한다. 그러나 육체를 벗어버린 존재가 어떻게 잠을 잘 수 있는지는 분명하지 않다. 왜냐하면 잠이란 신체적인 몸과 관련된 행위이기 때문이다).

믿는 자의 죽음을 묘사한 다음의 글을 장례식에서 읽은 적이 있다. 죽음을 잠으로 묘사한 성경적인 견해를 통해 스펄전이 느꼈던 평온함을 엿볼 수 있을 것이다.

나는 지금 바닷가에 서 있다. 배 한 척이 하얀 돛을 드리우고 아침 바람을 맞으며 푸른 바다로 미끄러져 나간다. 정말 아름답고 힘찬 모습이다. 나는 서서 그 배가 바다와 하늘이 서로 만나는 지점에서 흰 구름 한 조각이 될 때까지 바라본다. 곁에 있는 사람이 말한다. "사라져 버렸네."

사라졌다고? 내게서 멀어져 간 것뿐이다. 그 배는 여기 있을 때처럼 여전히 큰 돛대와 선체, 둥근 목재를 유지하고 있다. 그리고 선객들을 목적지까지 무난히 옮겨갈 것이다. 내게 사라진 것처럼 보일 뿐, 실제로 사라진 것은 아니다.

여기에서 누군가 "사라져 버렸다"고 말하는 바로 그 순간, 바다 건너편에서 그 배를 보고, 기쁨에 들떠 이렇게 외치는 소리가 있다. "도착했다!"

죽는다는 것은 그런 것이다.

CHAPTER 7

죽음은 아무 힘이 없다

귀 있는 자는 성령이 교회들에게 하시는 말씀을 들을지어다.
이기는 자는 둘째 사망의 해를 받지 아니하리라

요한계시록 2:11

영생에 대한 확신이 없는 이에게 죽음은 가공할 적이다. 그러나 믿는 이에게 죽음은 아무런 힘이 없다. 여전히 어렵기는 하지만 장엄한 목적지를 향한 통로일 뿐이다.

Spurgeon

경건한 자에게 약속하신 특권을 주목하라. "이기는 자는 둘째 사망의 해를 받지 아니하리라." 이것은 문자 그대로의 죽음이다. 비록 죽음의 가장 큰 공포는 영적인 것임에도 불구하고, 여기서 말하는 둘째 사망은 문자적인 죽음을 뜻한다. 영적인 죽음 역시 신체적인 죽음 못지않게 문자 그대로 죽음이기 때문이다.

죽음은 악한 자에게 예외 없이 찾아오지만, 의로운 자는 손도 대지 못한다. 그리스도께서 그의 백성에게 첫째 부활을 주셨다면, 비록 우리가 그것을 잘 알지 못한다 할지라도 그것은 영광스러운 것임에 틀림없다. "사랑하는 자들아 우리가 지금은 하나님의 자녀라 장래에 어떻게 될지는 아직 나타나지 아니하였으나 그가 나타나시면 우리가 그와 같을 줄을 아는 것은 그의 참모습 그대로 볼 것이기 때문이니"요일 3:2.

정죄, 곧 둘째 사망은 첫째 부활 때 부활한 사람에게는 아무런 힘이 없다. 어떻게 그럴 수 있을까? 성도들은 더 이상 유죄가 아니다. 그들도 원래는 다른 이들과 마찬가지로 본질상 진노의 자식이었다. 그러나 그들의 죄가 다 없어졌다. 구약 성경에 나오는 희생양의 머리에 모든 죄가 전가된 것이다. 영원한 대속물이신 예수님이 그들의 모든 죄와 허물을 지시고 '망각의 광야'로 나가셔서 그들의 모든 죄를 영원히 소멸하셨다. 성도는 이러한 구주의 의를 입고 있다. 그들의 모든 죄는 주님의 피로 씻겼다.

둘째 사망이 있을 것이다. 하지만 우리에게는 아무런 해가 올 수 없다. 이것이 얼마나 아름다운 장면인지 이해하는가? 우리가 지옥의 화염 속을 지나간다 할지라도 불꽃이 우리를 삼키지 못할 것이다. 마치 사드락, 메삭, 아벳느고가 평소보다 일곱 배나 더 뜨거운 느부갓네살 왕의 풀무 불 속을 쉽게 지나간 것과 같다.

사망이 활을 들어 화살을 시위에 물릴지라도 사망아, 우리는 너를 비웃는다. 지옥아, 우리는 너를 경멸한다. 우리를 사랑하시는 이로 말미암아 우리는 인류의 적인 너희들을 넉넉히 이긴다롬 8:37. 우리는 우리의 모든 원수를 코웃음 치며, 난공불락의 무적이 될 것이다. 이 모든 것은 우리의 죄가 씻겼고 흠 없는 주님의 의를 옷 입었기 때문에 가능한 것이다.

둘째 사망이 믿는 자에게 아무런 영향을 미치지 못하는 또 다른 이유가 있다. 이 세상의 임금이 우리를 대적할 때, 우리는 주님이 하신 말씀을 외칠 수 있다. "그는 내게 관계할 것이 없으니"요 14:30. 우리가 부활할 때, 우리는 모든 부패로부터 자유롭게 될 것이다. 악한 성향은 조금도 우리 안에 남지 않을 것이다. 타락하기 전의 아담처럼 순수해질 것이며, 하나님이 사람을 처음 만드셨을 때의 흠 없는 모습처럼 거룩하게 될 것이다.

우리는 아담보다 나을 것이다. 아담은 죄를 지을 수 있었지만 우리는 선과 진리와 의에 굳게 서게 될 것이며, 다시는 시험에 들지도 않고 유혹에 빠질 염려도 하지 않게 될 것이다. 마지막 위대한 날에 흠도 없고 점도 없이 서게 될 것이다.

형제자매들이여, 고개를 들라. 죄와 싸우며 의심으로 고민하는 자여, 고개를 들고 눈에서 흐르는 눈물을 닦으라. 천사들도 이전에 보지 못했던 그런 날이 다가오고 있다. 여러분의 눈으로 목격하게 될 것이다. 주님을 따르는 자들이 부활하게 될 때 우리는 옛 아담을 떨쳐 버리게 될 것이다.

Alcorn

새 땅에서의 영원한 삶에 대해서 성경은 이렇게 약속하신다. "모든 눈물을 그 눈에서 닦아 주시니 다시는 사망이 없고 애통하는 것이나 곡하는 것이나 아픈 것이 다시 있지 아니하리니 처음 것들이 다 지나갔음이러라"계 21:4. 선지자 이사야는 이렇게 이야기한다. "또 이 산에서 모든 민족의 얼굴을 가린 가리개와 열방 위에 덮인 덮개를 제하시며 사망을 영원히 멸하실 것이라 주 여호와께서 모든 얼굴에서 눈물을 씻기시며 자기 백성의 수치를 온 천하에서 제하시리라 여호와께서 이같이 말씀하셨느니라"사 25:7-8. 하나님은 사망을 죽이실 것이라고 약속하신다. 믿는 자에게도 죽음은 여전히 어려운 일이지만, 사망은 이제 완전히 다른 의미가 되었다. 사망은 하나님의 자녀가 하나님께로 가기 위한 수단이 될 것이다. 사망은 벽이 아니라 회전문이며, 위대한 시작을 위한 최후의 장애물이다. 목사이자 작가인 캘빈 밀러Calvin Miller는 이렇게 아름답게 묘사한다.

나는 한 때 죽음에 대한 모든 두려움을 비웃었다.
그것은 단지 호흡과 맥박의 끝일 따름이었지.
그러나 이제 나는 그 아픔 너머를 본다.
우리에게 주어질 세계가 있다.

거룩한 창조주여, 이제 나를 떠나게 하소서.

삶이란 잠시 지나가는 것일 뿐이외다.

죽는 것은 하나님을 만나기 위해 옷을 입는 것일 뿐.

우리 무덤은 땅에 만든 출입구일 뿐.

스펄전과 동시대에 대서양 건너편에 살았던 새뮤얼 클레멘스(마크 트웨인)는 천국과 지옥을 알지 못했다. 노년에 그는 자서전에서 이렇게 말한다. "해가 갈수록 고통과 염려와 비통은 점점 더해 간다. 마침내 야망도 자랑도 허영도 죽었고, 이제 떠나기만을 기다리고 있다."

죽음에 대한 스펄전의 이해와 얼마나 대조를 이루는가. "죽음에 이르는 것은 유배로부터 고향으로 돌아가는 것이다. 폭풍우의 바다로부터 육지로 이르는 것이며, 고된 노동 끝에 휴식을 취하는 것이다." 그리스도인에게 죽음이란 말할 수 없이 놀라운 목적을 위한 힘겨운 수단일 뿐이다.

여러분 중에는 이 세상에서의 삶을 끝내는 데 있어서 아직 고민하며, 불안해하고 준비가 안 된 것 같다고 느껴지는 사람도 있을 것이다. 그렇다면 예수 그리스도와의 관계를 공고히 하라. 그분만이 여러분을 구하신다는 사실을 확실히 믿으라. 그 누구, 그 어느 것도 여러분을 구하지 못한다. 스펄전처럼 죽음의 문 너머에 여러분을 기다리고 있는 것을 마음껏 기대하라.

CHAPTER 8

나는 천국에서 여전히 나일까?

죽은 자가 살아난다는 것은
모세도 가시나무 떨기에 관한 글에서 주를 아브라함의 하나님이요
이삭의 하나님이요 야곱의 하나님이시라 칭하였나니
하나님은 죽은 자의 하나님이 아니요 살아 있는 자의 하나님이시라
하나님에게는 모든 사람이 살았느니라 하시니

누가복음 20:37-38

나는 천국에서 여전히 나일까? 여러분은 여러분일까? 우리는 다른 사람들을 모두 알아볼 수 있을까? 스펄전은 이 설교에서 천국에서 발견할 우리의 개인적인 모습에 대해 이야기한다. 우리는 천국에서 더욱 더 자신다워질 것이다.

Spurgeon

성도들은 개별적인 인격체로서 살게 될 것이다. 하나님은 자신을 가리켜 "아브라함과 이삭과 야곱의 하나님"이라고 하셨다. 아브라함은 아브라함이요, 이삭은 이삭이며, 야곱은 야곱이다. 모든 성도들은 자신의 성격과 정체성, 구별, 특질 등을 그대로 유지하고 있다. 하나님은 모든 성도들을 일대일로 대하신다. 나의 어머니, 아버지, 자녀 모두 개별적으로 존재할 것이다.

많은 이들이 궁금해 한다. "우리가 천국에서 친구들을 알아볼 수 있을까요?" 왜 알아보지 못하겠는가? 그들의 이름은 생명책에 기록된 대로 불릴 것이다. 예를 들어, 사도들은 한 번도 본 적이 없었지만, 변화산에서 모세와 엘리야를 '알아보았다.' 신약 성경은 이렇게 말한다. "또 너희에게 이르노니 동서로부터 많은 사람이 이르러 아브라함과 이삭과 야곱과 함께 천국에 앉으려니와"마 8:11.

우리는 그들이 어디에 있는지 안다. 그들은 예전 모습 그대로이며, 오히려 그 이상이다. 아브라함은 예전의 아브라함 그대로이며, 그는 지금도 여전히 아브라함이다. 이삭 역시 그 모습 그대로이며, 하나님의 이스라엘이 된 야곱 역시 그러하다.

이들은 주님이 보시기에 아름다웠던, 자신만의 고유한 특질들을 하나도 잃지 않았다. 그들은 이제 본래 하나님이 의도하셨던 모습 그대로의, 최고 상태의 아브라함, 이삭, 야곱인 것이다. 부활의 나팔 소리가 울려 퍼지면 그들의 몸과 영혼이 결합하게 될 것이며, 영원한 세상에서 그들은 완전한 아브라함, 이삭, 야곱이 될 것이다.

하나님은 아브라함의 영혼에 대한 하나님이실 뿐 아니라, 그의 몸과 혼과 영 전체의 하나님이다. 하나님은 아브라함의 몸의 하나님이기도 하시다. 그것이 분명한 이유는 언약의 보증이 할례의 형태로 아브라함의 몸에 주어졌기 때문이다. 즉, 그의 썩어질 몸에 확실한 보증을 새기셨다. 이로써 몸은 한 번 죽을 것이지만, 다시 살아나게 될 것임을 확증하셨다.

영원한 생명은 그 사람 전체에 주어진 것이다. 하나님은 우리의 전 인격 즉, 우리의 영과 혼과 몸의 하나님이다. 그 전체가 하나이다. 무덤은 하나님이 선택하신 사람의 그 어떤 부분도 가두어 둘 수 없다.

Alcorn

어떤 사람이 천국에서 자신의 정체성을 잃어버리는 것에 대한 염려를 털어놓았다. "예수님처럼 된다는 것은 나의 정체성이 없어지고 다 똑같아지는 것인가요?" 그는 우리가 모두 판에 박은 듯 같아지며, 친구들도 각자의 개성과 독특성을 잃어버리게 되지 않을까 걱정했다. 그러나 그런 걱정을 할 필요가 없다. 우리는 모두 예수님을 닮은 성품을 갖게 될 것이지만 각자의 고유한 성격은 그대로 유지하게 될 것이다.

실상은, 우리만의 고유한 독특성이 천국에서 비로소 드러나는 경우도 많을 것이다. 우리는 진짜 감정을 갖게 될 것이며, 교만과 불안, 잘못된 생각이 모두 제거된 감정을 갖게 될 것이다. 우리는 진짜 욕망을 지닌 진짜 사람들이면서, 거룩한 사람들이 될 것이다. 우리는 자신의 모습을 유지할 것이다. 하지만 모든 좋은 것만 남고, 나쁜 것은 없어질 것이다. 하나님이 우리를 만드신 모습 그대로 되는 것은 정말 특권인 것이다. 그것이 제대로 된 생각이다.

이 땅에서 우리가 각자 고유의 유전 정보와 지문을 가지고 있듯이 천국에서 새 몸을 입게 될 때도 여전히 그러할 것이다. 하나님은 사람을 만드실 때 개별적인 정체성과 성격을 지닌 존재로 만드셨다. 눈雪의 결정체조차 하나도 똑같은 모양이 없다. 사람은 얼마나 더 하겠는가! '일란성 쌍둥이'조차 완벽하게 똑같지는 않다.

예수님은 천국에서 사람들을 각각 고유의 이름으로 부르셨다. 그중에는 현재 천국에 있는 나사로눅 16:25도 있고, 미래의 천국에 있는 아브라함, 이삭, 야곱도 있다. 스펄전이 주장하듯이 천국에 있는 사람들이 생전의 이름으로 불린다는 사실은 그들이 영원한 천국에서도 여전히 같은 사람이라는 것을 보여준다. 물론 나쁜 부분들은 없어진 상태로 말이다.

성경에서 하나님 자녀들의 이름이 어린 양의 생명책에 기록되었다고 말씀하실 때계 20:15, 21:27 그 이름은 우리가 이 땅에서 쓰던 이름일 것이라고 나는 믿는다. 예를 들면, 하나님은 천국에 있는 사람들을 세상에서 쓰던 이름으로 부르신다. 즉, 아브라함, 이삭, 야곱으로 부르신다. 이 땅에서의 삶과 다음 세상에서의 삶이 연속적임을 말해준다. 그렇게 이 땅에서 쓰던 이름에 더하여 우리는 새 이름을 받게 될 것이다사 62:2, 65:15, 계 2:17, 3:12. 하지만 새 이름 때문에 옛 이름이 사라지는 것은 아니다.

불교, 힌두교 그리고 뉴 에이지의 신비주의에서는 개별적인 인격성이 열반Nirvana으로 말소되거나 동화된다고 말한다. 그러나 성경에 따르면, 비록 우리가 하나님의 광대하심에 완전히 압도될지언정, 우리는 그분 안에서 우리의 궁극적인 정체성을 찾게 된다. 이 말씀을 보라. "누구든지 제 목숨을 구원코자 하면 잃을 것이요 누구든지 나를 위하여 제 목숨을 잃으면 찾으리라"마 16:25.

우리의 개인적인 역사와 정체성은 이 땅에서 새 땅까지 이어질 것이다. "나 여호와가 말하노라 나의 지을 새 하늘과 새 땅이 내 앞에 항상 있을 것 같이 너희 자손과 너희 이름이 항상 있으리라"사 66:22. 예수님은 포도나무에서 난 것을 아버지의 나라에서 제자들과 함께 다시 마실 것이라고 말씀하셨다마 26:29.

지금도 아브라함은 그의 아들 이삭, 손자 야곱과 함께 있다. 그러므로 우리도 예수님을 사랑하는 우리의 부모와 자녀, 형제자매, 친구들과 영원히 함께 있을 것이다. 여러분은 천국에서 여러분 자신일 것이다. 이전에 존재하지 않았던 다른 사람이 아니라, 그 어느 때보다 더 나은 사람으로 변화된 자기 자신이 될 것이다.

CHAPTER 9

하나님의 자녀의 부활

또 내가 보좌들을 보니 거기에 앉은 자들이 있어 심판하는 권세를 받았더라
또 내가 보니 예수를 증언함과 하나님의 말씀 때문에
목 베임을 당한 자들의 영혼들과 또 짐승과 그의 우상에게 경배하지 아니하고
그들의 이마와 손에 그의 표를 받지 아니한 자들이 살아서
그리스도와 더불어 천 년 동안 왕 노릇 하니
(그 나머지 죽은 자들은 그 천 년이 차기까지 살지 못하더라)
이는 첫째 부활이라 이 첫째 부활에 참여하는 자들은 복이 있고 거룩하도다
둘째 사망이 그들을 다스리는 권세가 없고
도리어 그들이 하나님과 그리스도의 제사장이 되어
천 년 동안 그리스도와 더불어 왕 노릇 하리라 ······
또 내가 보니 죽은 자들이 큰 자나 작은 자나 그 보좌 앞에 서 있는데
책들이 펴 있고 또 다른 책이 펴졌으니
곧 생명책이라 죽은 자들이 자기 행위를 따라
책들에 기록된 대로 심판을 받으니

요한계시록 20:4-6, 12

우리가 바라보는 구속은 일차원적이거나 표면적인 것이 아니다. 우리의 부활은 그리스도의 부활과 같을 것이며, 몸과 영혼을 온전히 새롭게 할 것이다. 하나님이 원래 우리를 위해 의도하셨던 것을 마침내 경험하게 될 것이다.

Spurgeon

예수님의 재림보다는 초림에 대해 설교하는 것이 하나님의 백성에게 더 유익한 경우도 있다. 하지만 내가 이 주제를 택한 이유는 여기에 실제적인 교훈이 있으며, 모든 이에게 도움이 되는 유익과 가르침과 일깨움이 있다고 믿기 때문이다. 성실한 청교도 설교자들도 이 신비한 주제를 깊이 묵상했다. 스테반 차녹●은 하나님의 변치 않는 속성에 대해 언급하면서 이 세상을 불로 사르는 것과 천년 왕국, 그리고 새 하늘과 새 땅에 대해서 거침없이 이야기했다.

세상 그 누구보다 인간의 영혼을 사랑했던 리처드 백스터는 사도 바울을 제외하고는 그 누구보다 영혼을 위해 더욱 산고를 겪었으며, 주님의 재림에 대한 교리로부터 강력한 화살을 만들었다. 이 위대한 진리는 마치 하늘의 검처럼 믿지 않는 이들의 가슴과 양심을 찔렀다.

존 번연 John Bunyan은 소박하고 정직했으며, 너무나 쉽게 설교해서 어린 아이들도 쉽게 이해할 수 있었다. 그는 난해하다는 오명으로부터 자유로운 사람이다. 그 역시 그리스도의 재림과 뒤 이은 영광에 대해서 이야기하며, 이 교리를 통해서 성도들에게는 자극을, 믿지 않는 자들에게는 경고를 주었다.

나는 여러분에게 성경을 가능한 한 정확히 설명하는 것 외에 다른 의도는 없다. 성경이 다음 구절에서 이야기하는 그런 부활이 있을 것임을 분명히 말씀하신다는 사실을 나는 추호도 의심하지 않는다. "이 첫째 부활에 참여하는 자들은 복이 있고

● 스테반 차녹 Stephen Charnock은 17세기 청교도 성직자로서 한때 헨리 크롬웰의 사제였다. 《하나님의 존재와 속성 The Existence and Attributes of God》의 저자로 유명하다.

거룩하도다. 둘째 사망이 그들을 다스리는 권세가 없고 도리어 그들이 하나님과 그리스도의 제사장이 되어 천 년 동안 그리스도와 더불어 왕 노릇 하리라"계 20:6.

이와 관련하여 데살로니가전서의 말씀을 보자.

"형제들아 자는 자들에 관하여는 너희가 알지 못함을 우리가 원하지 아니하노니 이는 소망 없는 다른 이와 같이 슬퍼하지 않게 하려 함이라 우리가 예수께서 죽으셨다가 다시 살아나심을 믿을진대 이와 같이 예수 안에서 자는 자들도 하나님이 그와 함께 데리고 오시리라 우리가 주의 말씀으로 너희에게 이것을 말하노니 주께서 강림하실 때까지 우리 살아남아 있는 자도 자는 자보다 결코 앞서지 못하리라 주께서 호령과 천사장의 소리와 하나님의 나팔 소리로 친히 하늘로부터 강림하시리니 그리스도 안에서 죽은 자들이 먼저 일어나고 그 후에 우리 살아남은 자들도 그들과 함께 구름 속으로 끌어 올려 공중에서 주를 영접하게 하시리니 그리하여 우리가 항상 주와 함께 있으리라"살전 4:13-17.

본문에서 악한 자의 부활에 대해서는 아무런 말씀이 없다. 단지 그리스도 안에서 죽은 자들이 먼저 일어날 것이라고 말한다. 사도 바울은 여기서 분명히 '첫 번째 부활'에 대해서 이야기하고 있다. 악한 자들은 첫 번째 부활 후에 어느 정도 시간이 지난 후 두 번째로 부활할 것이다.

전체 부활에 대한 교리는 모든 교회들이 받아들인다. 그리스도인이라면 그것을 의심하는 사람은 없다. 그렇다면 바울이 스스로 채찍질하며 얻기 위해 노력하는 부활은 어떤 부활인가? 그것은 전체 부활일 수는 없다. 전체 부활은 어떻게 살든지 간에 얻게 되기 때문이다. 그것은 그리스도와 그의 부활의 능력을 알고, 그의 죽음에 동참한 사람들만이 얻게 될, 더 우월한 부활임에 틀림없다. 불의한 자의 부활 전에 의로운 자의 부활이 있다는 것을 인정하지 않고서는, 이 성경 말씀을 해석하거나 이 말씀에 어떤 강력한 의미를 부여할 수는 없을 것이다.

누가복음 14장 13-14절에는 어떤 대가를 바라지 않고 잔치를 베푸는 사람에게 주신 약속의 말씀이 나온다. "잔치를 베풀거든 차라리 가난한 자들과 몸 불편한 자들과 저는 자들과 맹인들을 청하라 그리하면 그들이 갚을 것이 없으므로 네게 복이 되리니 이는 의인들의 부활 시에 네가 갚음을 받겠음이라 하시더라."

의인들에 대한 상은 의인들의 부활 때에 있을 것이며, 그것은 특정한 시기임에 틀림없다.

히브리서에서 사도는 경건한 자들의 시련과 성도들의 인내에 대해 이렇게 이야기한다. "또 어떤 이들은 더 좋은 부활을 얻고자 하여(다른 번역본에서는 '더 나은 삶으로 부활하기 위해'라고 번

역하고 있다―옮긴이) 심한 고문을 받되 구차히 풀려나기를 원하지 아니하였으며"11:35.

더 좋은 삶better life이란 부활의 결과물이 아니라, 부활 그 자체이다. 성도의 부활과 죄인의 부활 사이에 차이가 없다면, 어떻게 더 좋은 부활이 있을 수 있겠는가? 하나는 영광의 부활이요, 다른 하나는 우울과 공포의 부활이며, 그 둘 사이에는 뚜렷한 차이가 있을 수밖에 없다. 태초에 그랬던 것처럼 최후에도 그럴 것이다. 주님은 하나님을 경외하는 자와 그렇지 않은 자를 뚜렷이 구별하신다.

Alcorn

스펄전은 우리가 부활 세계에서 영원한 생명을 갖게 될 것을 고대하는 것은 현재에도 실제적인 의미가 있다고 말한다. 주 안에서 우리 수고가 헛되지 않은 줄을 어떻게 알 수 있을까? 그것은 우리 몸의 부활을 통해서 알 수 있다. "그러므로 내 사랑하는 형제들아 견실하며 흔들리지 말고 항상 주의 일에 더욱 힘쓰는 자들이 되라 이는 너희 수고가 주 안에서 헛되지 않은 줄 앎이라"고전 15:58.

우리가 옛 땅에서 새 땅으로 옮겨지는 것처럼, 우리의 수고도 그렇게 될 것이다. 우리의 몸뿐 아니라, 그리스도를 위한 우리의 수고도 부활한다고 할 수 있다. 필립스J.B. Philips는 고린도전서 15장 58절을 이렇게 번역한다. "견실하며 흔들리지 말고 주님의 일에 힘쓰라. 그분을 위해 일하는 것은 하나도 잃어버리거나 허비되지 않는 줄 알라."

브루스 밀른은 이렇게 기술한다. "공적으로 행해지든, 사적으로 이루어지든 왕국의 모든 일은 왕국의 썩지 않을 성품에 동참한다. 모든 정직한 의도, 모든 더듬거리는 증언, 유혹에 대한 모든 저항, 모든 회개의 행동, 모든 보살핌, 모든 일상적인 일, 모든 예배 행위, 순종하기 위한 모든 분투, 모든 기도의 읊조림, 문자 그대로 모든 것이 주님의 다시 오심으로부터 시작되는 천국의 영원한 삶에 자리를 잡게 될 것이다. 그 모든 것은 영원히 살아 계신 분과 우리 사이의 신뢰 관계로부터 비롯된다."

바울은 이렇게 말한다. "우리가 소망으로 구원을 얻었으매" 롬 8:24. 무슨 소망인가? 그 이전 절에 따르면 "우리 몸의 구속"23절이다. 그것이 최종적인 부활이다. 죽음이 삼켜지고, 죄가 파기되며 다시는 우리를 손대지 못할 것이다. 이것이 우리가 고대하며, 위해서 살아야 할 부활이다.

여러분이 매일 바라고 소망하는 것이 '부활의 세계'에서 '부활의 그리스도'와 '부활의 백성'과 함께 '부활의 삶'을 사는 것인가? 다른 이에게 그런 복음을 전하는가? 바울은 죽은 이의 부활이 우리가 구원을 통해 얻은 소망이라고 말한다. 그것이 우리가 거듭남으로써 시작된 하나님의 구원 사역의 영광스러운 절정이 될 것이다. 부활은 죄와 그 결과로부터 우리를 해방시킴으로써 하나님과 함께 살 수 있게 해주며, 아무런 방해없이 그분과 영원히 교제를 누릴 수 있게 해준다. 그분과 우리 사이에 다시는 그 어떤 위협도 존재하지 않을 것이다.

하나님이 우리가 읽는 이 책을 통해 우리의 멘토, 목회자, 친구들이 천국 소망을 더욱 확고히 붙들 수 있게 해주시기를 바란다. 우리 구주의 구속 사역의 높이와 깊이와 길이와 너비를 고대하며 즐거워하기 바란다.

CHAPTER 10

이 날에 즐거워하고 기뻐하라

내게 의의 문들을 열지어다
내가 그리로 들어가서 여호와께 감사하리로다 이는 여호와의 문이라
의인들이 그리로 들어가리로다
주께서 내게 응답하시고 나의 구원이 되셨으니 내가 주께 감사하리이다
건축자가 버린 돌이 집 모퉁이의 머릿돌이 되었나니
이는 여호와께서 행하신 것이요 우리 눈에 기이한 바로다
이 날은 여호와께서 정하신 것이라
이 날에 우리가 즐거워하고 기뻐하리로다
시편 118:19-24

여러분은 낙관주의자인가 아니면 비관주의자인가? 우리의 삶이 어떻게 전개될지 아무도 장담하지 못한다. 그러나 영원에 대해서라면, 그리스도인은 낙관적일 수밖에 없다. 우리 이야기가 어떠한 결말로 끝날지 알기 때문이다.

Spurgeon

이 기쁨은 지금 우리가 느끼고 있으며, 앞으로도 계속될 기쁨이다. "너희는 내가 창조하는 것으로 말미암아 영원히 기뻐하며 즐거워할지니라"사 65:18. 지금 기뻐하고, 지금 즐거워하라. 이 기쁨은 주님께서 지금 우리에게 주신 것이다.

영적인 영역에서 하나님이 지금 창조하심을 즐거워하라. 여러분 안에 주님이 창조하신 모든 것에 대해 기뻐하라. 그분은 여러분 안에 새 생명을 창조하셨다. 그래서 여러분에게 죄의 자각과 회개, 그리스도를 믿는 믿음, 약속에 대한 소망, 거룩함에 대한 갈망을 느끼도록 하셨다. 따라서 처한 상황이 힘들거나 마음이 무거울지라도 하나님의 창조 안에서 온전히 기뻐하라.

너무나 아파서 울음밖에 나오지 않더라도 여러분이 거듭났다는 사실로 기뻐하라. 가난 때문에 힘들다 할지라도, 여러분이 하나님의 자녀이며 사랑의 가족이 된 것에 대해 기뻐하라. 옛 것은 지나가게 하고 하늘의 새 것을 붙들라.

옛 창조에 대해서는 조금만 더 견뎌라. 그 속박에서 벗어나 구속 받을 때가 가까이 오고 있다. 하나님이 원하시는 곳에서 여러분의 기쁨을 찾으라. 즉, 여러분의 새롭게 된 본성 속에서 기쁨을 찾으라. 새 원칙과 새 약속, 새 언약, 주님이 여러분에게 주신 새 언약의 피, 이 모든 것 안에서 즐거워하라.

하나님의 나라는 여러분 안에 있다. 다른 사람들에게서 하나님의 새 창조가 나타남을 보고 기뻐하라. 천사들도 회개하는 죄인 하나를 보면서 기뻐한다눅 15:10. 여러분과 나도 그래야 한다. 선한 일을 노력하고, 다른 이들을 그리스도께로 인도하라. 한 영혼이 하나님께로 돌아오려는 징조가 보이면, 그것이 여러분의 기쁨이 되게 하라.

이처럼 우리는 하나님이 창조하신 모든 것 안에서 영원히 기뻐하며 즐거워해야 한다. 우리가 받은 은혜가 얼마나 큰지! 우리의 특권이 얼마나 무한한지! 우리의 소망이 얼마나 눈부신지! "내가 예루살렘을 즐거운 성으로 창조하며 그 백성을 기쁨으로 삼고"사 65:18. 하나님은 새 도성, 새 백성, 새 세상을 만드셔서 기쁨의 원천이 되게 하셨다.

우리에게는 즐거움을 느껴야 할 충분한 이유가 있다. "또 여호와를 기뻐하라 그가 네 마음의 소원을 네게 이루어 주시리로다"시 37:4. 우리는 주님의 이 명령을 따라가야 한다.

그렇다면 우리를 비참하게 만드는 것은 무엇인가? 죄? 죄는 용서 받았다. 고난? 고난은 우리의 선을 위한 것이다. 내적인 부패? 그것은 곧 사라질 것이다. 사탄의 유혹? 우리는 그것들이 뚫지 못하는 갑옷을 입고 있다.

하나님은 우리가 이 은혜 안에서 기뻐할 뿐만 아니라, 그 기쁨을 다른 이들에게도 전파하기를 원하신다. 우리가 어디를 가든지 불을 가지고 다니면서 다른 등에도 불을 켜기를 원하신다.

과부를 돌보고, 고아를 위로하며, 가난한 자를 도와주고, 낙심한 자를 즐겁게 하며, 지친 영혼에게 좋은 소식을 전하라. 아버지의 손, 그리스도의 손, 성령님의 손으로 감옥에 갇힌 자의 족쇄를 풀어 주고, 자유의 빛으로 인도하라. 여러분도 갇힌 자에게 자유를 선포할 기름 부음을 받은 자다눅 4:18. 무한한 자비를 내려 주시는 하나님이 여러분과 내가 그렇게 할 수 있도록 도와주시기를 기도한다.

알코올 중독으로부터 회복된 사람이나 거리에서 구출된 여인의 이야기를 들을 때마다, 완악한 죄인이 회개했다는 소식을 접할 때마다 나는 주 안에서 기뻐한다. 하나님을 믿지 않던 사람들이 믿게 되는 날이야말로 가장 기쁜 명절이다. 그렇지만 이 세상을 떠나는 마지막 날에는 그 무엇보다 더 큰 기쁨이 있을 것이다.

천국에 들어갈 때, 영광스러운 하나님의 새 창조 사역에 대해 천사들도 기뻐할 것이며 우리 마음에도 큰 기쁨이 가득할 것이다. 그리스도께서 땅 끝에서 땅 끝까지 다스리실 날이 올 것이다. 얼마나 기쁘겠는가! 죄가 정복되는 것을 지켜본다면 행복하지 않겠는가?

우리는 그 어떤 예언도 두려워해서는 안 된다. 위대한 영원 앞에서 조용히 서서 이렇게 말하라. "오라. 모든 예언들이여, 성취되라. 천사들이여, 대접을 쏟으라계 16:1. 쑥이라는 이름의 별이여, 떨어지라계 8:11. 곡과 마곡계 20:8이여, 아마겟돈의 마지막 전쟁으로 나아오라."

예수님과 하나 된 사람에게는 그 어느 것도 두려운 것이 없다. 그에게는 오직 기쁨과 즐거움만이 있을 뿐이다. 왜냐하면 하나님이 그 백성을 기쁨으로 삼으셨고, 그들을 즐거워하게 하셨기 때문이다.

여러분이 사는 날 동안, 하나님의 새 창조 안에서는 새로움을 느끼고 기쁨을 주는 것이 있을 것이다. 그런 때에는 "영원히 기뻐하며 즐거워할지니라." 하나님은 여러분이 기뻐할 만한 새로운 무언가를 창조하시기 때문이다.

우리는 하나님의 창조 안에서 기뻐할 것이며, 바다의 섬들도 그분을 찬양할 것이다. 그리스도께서 다시 오셔서 새 땅과 새 하늘을 완성하시면, 그 날에 기쁨과 즐거움이 얼마나 크겠는가.

Alcorn

찰스 스펄전이 이 설교를 했을 때는 그가 생애 막바지에 이르러 거의 설교를 하지 못하던 시점이었다.

이 설교를 한 지 일주일 후에 전 세계에 배포된 그의 설교 인쇄본에는 스펄전이 기쁨과 즐거움에 대한 강력한 메시지를 전하게 된 배경을 이해할 수 있도록 독자를 위한 서문이 첨부되어 있다.

> 스펄전 목사님의 병세가 위중한 상황에서, 태버너클 교회와 전 세계에 있는 주님의 백성들의 기도를 주님이 들으셨습니다. 목사

님의 병세가 호전된 것에 대해 주님께 깊이 감사드립니다. 더불어 건강과 기력을 완전히 회복하도록 계속 중보로 기도해 주시기 바랍니다. 이 어려운 시기에 여러분이 보여주신 사랑에 대해서 스펄전 목사 부부는 진심으로 감사의 마음을 전합니다.

하지만 스펄전의 병세는 아주 잠깐 동안만 호전되었을 뿐이었다. 이 설교 후 불과 6개월 후에 그가 사망했다는 사실은 기쁨의 이유에 대한 그의 설교가 참으로 설득력 있음을 깨닫게 한다.

세속적인 낙관주의자들은 그저 희망적으로 생각하는 사람들일 뿐이다. 그들은 현세에서 낙관주의의 효용을 깨닫고, 긍정적인 사고방식에 관해 세미나를 열고 책도 쓴다. 때로는 낙관주의로 부자가 되거나 유명해지기도 한다.

그러나 그 다음에는 어떻게 되는가? 결국 늙고 병들게 되며, 죽음의 순간에 이르게 될 때 그리스도를 믿지 않았다면 영원히 지옥에 갈 수밖에 없다. 그들의 낙관주의는 환상일 뿐이다. 영원에 대해 아무런 보장이 없기 때문이다.

우리가 지닌 낙관주의에 대한 진정하고 유일한 근거는 예수 그리스도의 구속 사역뿐이다. 다른 근거는 모래일 뿐, 바위가 아니다. 영원의 무게를 감당할 수 없기 때문이다. 하지만 우리 삶을 그리스도의 구속 사역 위에 세운다면, 우리는 낙관주의자가 될 수 있다. 왜 그럴까? 우리 삶의 가장 아픈 경험조차도 일시적인 시련일 뿐이기 때문이다.

이 땅에서의 아픔과 고통은 없어질 수도 있고 그대로일 수도 있지만, 천국에서는 반드시 없어질 것이다. 더 이상 죽음도 고통도 없는 것, 그것이 그리스도의 약속이다. 그분은 우리의 모든 눈물을 씻어 주실 것이다계 21:4. 그것이 우리의 낙관주의에 대한 성경적인 근거다.

그리스도인은 결코 비관주의자가 되어서는 안 된다. 우리는 주권자이시며 자비로운 하나님을 섬긴다는 사실에 입각한 현실주의자가 되어야 한다. 그리스도의 구속적 희생과 그분의 약속이 확실하기 때문에 우리는 언제나 즐거워할 수밖에 없다.

우리의 낙관주의는 하나님이 지금 이 땅에서 우리를 모든 고통으로부터 면제시켜 주신다는 "건강과 부의 복음"에 의한 것이 아니다. 베드로는 우리에게 이렇게 말한다. "오히려 너희가 그리스도의 고난에 참여하는 것으로 즐거워하라 이는 그의 영광을 나타내실 때에 너희로 즐거워하고 기뻐하게 하려 함이라"벧전 4:13.

우리가 미래에 얻게 될 그리스도의 영광이 지금 이 땅에서 우리가 고통 중에서도 즐거워해야 할 큰 이유가 된다.

물론 언젠가 고통이 사라질 것을 안다고 해서 현실의 고통을 쉽게 견딜 수 있는 것은 아니다. 그러나 고통을 견딜 만한 힘은 된다. 소망은 고통 가운데서라도 기뻐할 수 있게 한다. 사도 바울은 이렇게 말한다. "나는 이제 너희를 위하여 받는 괴로움을 기뻐하고"골 1:24. 야고보는 이렇게 말한다. "내 형제들아 너희가 여러 가지 시험을 당하거든 온전히 기쁘게 여기라"약 1:2. 사도들은 자신의 괴로움을 즐긴 것은 아니지만, 고통 중에도 즐거워했다. 하나님의 주권적인 계획을 신뢰했기 때문이다.

천국을 고대하는 것이 고통을 없애 주지는 않는다. 그러나 고통을 줄여 주며, 고통의 진정한 의미를 깨닫게 해준다. 천국을 묵상하는 것은 고통을 크게 덜어 주는 좋은 방법이다. 고통과 죽음은 일시적인 것이며, 끝없는 기쁨을 누릴 수 있는 영원한 삶을 살기 위한 관문이다.

천국에 대한 성경의 교리는 미래에 관한 것이지만 지금 이 땅에서의 삶에서도 상당히 유익함을 준다. 우리가 이 진리를 깨닫는다면 삶의 무게 중심이 바뀔 것이며, 삶에 대한 우리의 생각을 근본적이며 급진적으로 바꿔 놓을 것이다. 이것이 바로 로마서 8장 20-25절에서 여섯 번이나 나오는 성경이 말하는 '소망'이다. 모든 피조물도 우리의 부활과 세상의 구속을 기다리고 있다.

지속되지 않으며 지속될 수도 없는, '좋은 환경'에 여러분의 소망을 두지 마라. 그리스도와 그의 '약속'에 소망을 두라. 그분은 다시 오실 것이다. 우리는 새 땅에서 부활하게 될 것이다. 하나님의 얼굴을 보게 될 것이며, 영원히 그분을 즐겁게 섬기게 될 것이다. 우리는 진정 영원히 행복하게 살게 될 것이다. 이것은 동화가 아니다. 피로 값 주고 사신 전능하신 하나님의 약속이다.

닫는 글

그분을 뵈면 다시 죽지 아니하리라

스펄전은 평생 자주 아팠지만, 쉽게 눕는 사람은 아니었다. 그는 예순다섯 개의 사역을 만들고 지휘했으며, 일주일에 열 번이나 설교했고 많은 편지를 남겼다. 그는 보통 일주일에 오백 통의 편지를 썼는데, 그것도 몇 초에 한 번씩 잉크에 적셔야 하는 펜으로 썼다. 고통스러운 관절염을 앓고 있는 동안에도 종종 그렇게 했다.

스펄전은 죽기 얼마 전에 젊은 목사들에게 다음의 충고를 전한다. 내가 그였다면, 목회에 대해 좀 더 균형 잡힌 충고를 했을 것 같다. 몇몇 실제적인 충고는 논란의 여지가 있음에도 불구하고 소개하는 이유는 거기에 열정과 절박성과 영원에 대한 초점이 있기 때문이다.

내가 병상 가운데서 전할 메시지가 있다면 이것이다. 누울 수밖에 없을 때 후회하지 않으려면 할 수 있을 때 열심히 일하라. 병상에서도 즐거운 마음을 가지려면 힘 있고 건강할 때 인생을 허비한 괴로운 기억들을 만들지 마라. 사람들은 수년 전에 이런 식으로 말하곤 했다. "일주일에 열 번씩 설교하다가는 쓰러지고 말겁니다." 만약 내가 그렇게 살았다면, 그것에 대해서 기쁘게 생각한다. 나는 다시 산다고 해도 그렇게 할 것이다. 나에게 몸이 쉰 개가 있다면, 그 모든 몸을 주 예수 그리스도를 섬기는 데 다 바칠 것이다.

강하고 젊은 여러분이여, 할 수 있을 때 악한 자를 물리치고 주를 위해 싸우라. 복되신 주님을 위해 그렇게 산 것에 대해서 결코 후회하지 않을 것이다. 매일 할 수 있는 최선을 다하고, 내일로 미루지 마라. "네 손이 일을 얻는 대로 힘을 다하여 할지어다"전 9:10.

심한 질병으로 하나님께로 갈 날이 가까운 것을 가늠할 만한 시절이었다. 목사와 신학생들에 대한 글에서 그는 이렇게 말한다.

"하나님께서 우리에게 주실 수 있는 이 땅의 가장 큰 복 가운데 하나는 건강이라고 말하고 싶다. 그러나 질병은 이 복을 앞선다. 내가 아는 어떤 분들에게 한 달간 류머티즘이 주어진다면, 하나님의 은혜로, 그들은 놀라우리만치 부드러워질 것이다. 내게 주어진 편안하고, 행복한 은총의 시간이 거의 다 한 것 같다. 그러나 내 슬픔과 고통과 애통으로부터 얻은 유익 또한 셀 수 없다. ……
고난은 목사의 서재에 있는 최고의 책이다."

스펄전은 건강 때문에 종종 겨울을 나기 위해 찾았던 프랑스 남부에서 1892년 57세의 나이로 죽었다. 그의 비서 해럴드는 즉시 런던의 메트로폴리탄 태버너클 교회로 전보를 보냈다. "우리의 사랑하는 목사님께서 일요일 밤 11시 15분에 천국에 가셨다."
조객들을 다 수용하기 위해서 스펄전의 장례식은 네 번 거행되었다. 육천여 명의 조객들이 그의 마지막을 보기 위해 교회를 찾았으며, 수십만 명의 사람들이 교회로부터 장지인 놀우드 묘지까지 8킬로미터나 늘어섰다. 스펄전의 친구인 아키발드 브라운 Archibald Brown 목사가 입관 예배를 집전했다. 그것은 단지 스펄전을 기리는 것을 넘어서 천국을 바라보는 모든 믿는 자들이 기대할 만한 그림이었다. (다음에 소개하는 연설은 당시의 느낌을 살리기 위해 현대어로 바꾸지 않았다.)

사랑하는 회장, 신실한 목사, 위대한 설교가, 사랑하는 형제인 스펄전이여, 우리는 그대에게 "안녕"이라고 말하는 대신에 잠시 동안 "잘 자게나"라고 말하고 싶다.
구속 받은 자의 부활의 날 첫 새벽에 그대는 곧 다시 일어날 것이다. 그러나 잘 자라고 말할 사람은 우리가 아니라 그대이다. 우리는 여전히 어둠 속에서 살고 있지만 그대는 하나님의 거룩한 빛 가운데 있기 때문이다. 우리의 밤은 곧 지나갈 것이며, 우리의 통곡도 그칠 것이다. 그러면 그대와 함께 우리는 구름도 없고 끝도 없는 새 날의 아침을 노래할 것이다. 그곳에는 밤이 없으리라.

밭에서 열심히 일하던 자여, 그대의 수고는 끝났다. 그대가 갈았던 이랑은 늘 똑바른 모습이었다. 그대는 뒤를 돌아보지 않았다. 그대가 수고로 뿌린 씨앗을 이제 수확할 때가 되었다. 천국에는 이미 그대가 거둔 수확물로 가득하고, 영원토록 점점 더 많아질 것이다.

하나님의 용사여, 오랜 동안 용감히 싸웠던 전투도 이제 끝났다. 그대의 손에 굳게 들려 있던 검도 마침내 놓였으며, 이제 종려 가지가 대신 들려졌다. 더 이상 투구가 그대의 이마를 짓누르지 않으며 전투의 염려로 지치지도 않는다. 위대한 대장께서 손수 허락하신 승리의 월계관이 그대의 충분한 보상이다.

그대의 육신은 잠시 여기에서 쉴 것이다. 그대의 사랑하는 주님이 다시 오셔서 말씀하실 때, 그대의 육신은 흙을 박차고 일어나 주님의 몸과 같이 영광스럽게 될 것이다. 그러면 영과 혼과 몸이 하나 되어 주님의 구속을 최대한 드러낼 것이다. 그때까지, 사랑하는 이여, 편히 잠들라. 우리는 그대를 위해 하나님을 찬양한다. 소망과 영원한 언약의 피를 힘입어, 그대와 함께 하나님을 찬양하기를 기대한다. 아멘.

올해 나는 스펄전이 죽은 나이인 57세가 된다. 이 땅에서 더 살아갈 날이 30일이든, 30년이든 간에, 나는 하나님께서 스펄전을 통해 내게 말씀하신 것에 대해 무한히 감사한다. 그의 설교를 읽을 때마다 내 마음은 나의 구주, 나의 왕께로 가까워진다. 스펄전은 내게 친구이자 멘토이다. 그가 존 번연 같은 이전 시대의 다양한 그리스도인들에게 그렇게 느꼈던 것처럼, 내게도 그렇다.

나는 천국에서 스펄전을 만나 하나님의 진리를 신실하게 전달한 것과 하나님의 말씀을 열심히 공부한 것에 대해서 감사하고 싶다. 또한 예수님을 아는 이 책의 독자들도 만나고 싶다. 그러나 무엇보다도, 영화롭게 되신 하나님-사람, 나의 구주, 나의 왕, 나의 가장 친한 친구를 만나고 싶다. 우리 예수님이 우리를 위해 해주신 것 때문에 우리에게 주어질 모든 것을 생각해 보라. 하나님의 모든 백성과 함께, 끝없는 모험이 주어질 새 세상에서, 우리는 그리스도 예수 안에서 우리를 향한 하나님의 은혜와 사랑의 부요를 영원히 찬송하는 특권을 누리게 될 것이다. 오직 하나님께만 영광이 있을지어다!

나는 죽은 자로부터 일어날 것이다. …… 나는 하나님의 아들, 영광의 해를 볼 것이며, 나 또한 해처럼 밝게 빛날 것이다.

나는 옛적부터 항상 계신 이, 아침도 시작도 없으신 하나님과 연합하게 될 것이다. …… 하나님을 보고도 산 자는 아무도 없었다. 그러나 나는 하나님을 보기 전까지는 살지 않을 것이며, 그분을 보게 되면, 다시는 죽지 않을 것이다.

존 던 John Donne

우리가 하나님을 볼 것이다

초판 1쇄 발행 2012년 4월 27일
개정판 1쇄 발행 2024년 4월 19일

지은이 찰스 스펄전 · 랜디 알콘
옮긴이 서경의

펴낸이 김태희
펴낸곳 터치북스

출판등록 2017년 8월 21일(제 2020-000174호)
주소 경기도 고양시 덕양구 통일로 800, 2층(관산동)
전화 031-963-5664 **팩스** 031-962-5664
이메일 1262531@hanmail.net

ISBN 979-11-85098-61-6

책값은 표지에 있습니다.
잘못 만들어진 책은 구입한 곳에서 바꿔 드립니다.